本著作由国家社会科学基金项目（

U0680908

我国资本空间流动特征分析
及其对区域经济的影响研究

肖燕飞 著

九 州 出 版 社
JIUZHOUPRESS

图书在版编目（CIP）数据

我国资本空间流动特征分析及其对区域经济的影响研究 / 肖燕飞著. -- 北京 ：九州出版社，2021.5
　ISBN 978-7-5225-0134-5

　Ⅰ．①我… Ⅱ．①肖… Ⅲ．①资本流动－影响－区域经济发展－研究－中国 Ⅳ．①F127

中国版本图书馆CIP数据核字(2021)第110070号

我国资本空间流动特征分析及其对区域经济的影响研究

作　　者　　肖燕飞　著
责任编辑　　石增银
出版发行　　九州出版社
地　　址　　北京市西城区阜外大街甲 35 号 （100037）
发行电话　　（010）68992190/3/5/6
网　　址　　www.jiuzhoupress.com
印　　刷　　北京旺都印务有限公司
开　　本　　880 毫米×1230 毫米　32 开
印　　张　　7.375
字　　数　　200 千字
版　　次　　2021 年 7 月第 1 版
印　　次　　2021 年 7 月第 1 次印刷
书　　号　　ISBN 978-7-5225-0134-5
定　　价　　68.00 元

前　言

党的十九大报告中强调，中国特色社会主义进入新时代，我国社会主要矛盾已经转化为人民日益增长的美好生活需要和不平衡不充分的发展之间的矛盾。而我国区域之间的经济发展差距是不平衡不充分发展非常突出的一面，缩小区域经济发展差距是化解新的社会主要矛盾的当务之急。

改革开放以后，我国先是提出了非均衡的发展战略，优先发展东部地区，形成了珠三角、长三角和环渤海等经济增长极，东部地区的经济高速增长，大量的资金和人才都向东部地区集聚。但随着时间的推移，地区之间的发展差距不断扩大，东中西部地区经济发展极不平衡，中西部成为"塌陷地带"。2000年后，为了经济持续健康发展，国家接连实施了西部大开发、东北地区等老工业基地振兴、促进中部地区崛起战略和"一带一路"倡议等，我国区域经济发展的相对差距开始缩小，但由于受到已有发展基础的影响，东中西部的绝对差距仍然存在，西部地区仍是我国区域经济发展的"短板"，区域经济协调发展的难题仍亟须解决。2017年10月，党的十九大报告提出，"建设现代化经济体系是跨越关口的迫切要求和我国发展的战略目标"，其中，"实施区域协调发展战略"是"贯彻新发展理念，建设现代化经济体系"的重要组成部分。2019年8月，中央召开了两次关于区域经济发展的重要会议，协调区域经济发展上升为治国理政的重要方面，明确指出"我国区域经济发展的空间结构正在发生深刻变化，要按照客观经济规律调整完善区域政策体系，发挥各地区比较优势，促进各类要素合理流动和高效集聚"。在各类要素空间流动和高效聚集下，我国区域经济发展正面临重大的空间重构。

资本作为影响区域经济发展的重要生产要素，其流动和集聚必然会对区域经济的空间重构产生深刻影响，其流动方向与规律不仅影响我国经济发展的整体水平，还会左右区域经济差距的变化。资本通过各种渠道进行跨区域转移和空间流动，不仅会直接影响各地区的投资规模，还会带动其他生产要素的流动和集聚，因而在一定程度上决定了一个国家的产业空间分布，从而影响和改变着不同地区的经济地位。因此，对我国资本的跨区域空间流动进行研究是我国区域经济发展的时代要求，也是新时代推动我国经济持续健康发展的题中应有之义。

本研究从我国国情出发，以空间经济学、区域经济学、地理学、金融学等相关理论为基础，基于1979—2018年的统计数据，首先对我国中东西部三大区域间资本流动渠道和格局进行统计分析，对我国东中西部各省的资本流动进行全域和全方位的客观考察。其次，深入探讨资本在我国区域间流动的空间规律和关联特征，揭示现阶段我国区域资本的流动状态（是空间集聚还是扩散溢出）和区域资本之间的空间关联性以及流动方向。最后，以金融资本为例，从直接融资和间接融资（银行信贷）两个维度进行实证研究，量化分析我国资本流动对区域经济发展的影响。

本研究的主要贡献有两个方面：一方面，在研究上补充和完善区域资本流动理论，为我国资本空间流动提供新的研究思路；另一方面，为我国区域经济协调发展和经济空间布局提供定量依据和决策支持。遵从本书所规划的研究内容，在梳理已有研究成果的基础之上，根据现有成果的内在逻辑，将研究的主要内容划分为以下七部分，具体内容如下：

第一部分为绪论，主要是阐述本研究的研究背景和研究意义，梳理与本研究相关的国内外文献，对主要概念进行厘定，阐述本研究的主要内容和研究方法。

第二部分按照资本的流动渠道对我国区域资本流动进行全方位的考察，以1979—2017年间的统计数据为样本，从银行信贷渠道、资本市场渠道、外商直接投资渠道以及全社会固定资产投资渠道对三大区域的资本流动进行详细对比分析。研究表明，（1）从改革开放以来，我国区域间资本分布很不均衡，东部地区占据了极大比重，而中西部占比较少，由市场主导的资本向东部地区流动集聚。（2）

改革开放初期，在当时的经济环境下，社会资本和政府主导的资本主要流向了东部沿海地区。而在"九五"时期区域协调发展战略提出之后，政府主导的资本向中西部地区有所转移，中西部地区的投资环境开始逐渐得到改善。（3）随着一系列区域战略的实施，中西部地区的吸引力增强，从 2008 年之后，东部地区的资本开始向中西部地区溢出和扩散。

第三部分主要研究我国区域资本流动的时空演变特征，系统分析了我国三大区域以及各省域不同资本的时空演化过程。从资本空间分布、收敛和集聚特征，揭示了我国资本的空间异质性和空间依赖性，明晰了我国区域资本的流动特征和空间集聚规律。结果表明：（1）总体上，区域各资本规模呈持续增大态势，但我东中西部地区的分布很不均衡，不管是从资本总量还是资本内部结构，东部地区都占据着主导地位，伴随着国家政策的引导和东部资本拥挤效应的出现，资本逐步向中西部地区转移，但差距依然明显。（2）除西部地区外，东部地区、中部地区的资本形成额都存在 β 收敛，其中东部地区资本形成额的收敛速度远远高于其他地区，西部地区资本形成额不仅不收敛，可能还存在发散，西部地区各省份差异也较大。而东部地区、中部地区和西部地区的金融机构各项贷款都是收敛的。（3）1995—2010 年，我国各省份资本形成额的 Moran'I 指数总体上呈现出上升趋势，空间自相关性在不断增强，资本形成额的空间集聚态势较为显著。但 2010—2017 年间各省份资本形成额的

Moran'I 指数呈现下降趋势，空间自相关性在减弱，资本形成额呈空间扩散和溢出态势。（4）省域资本规模空间分异明显，总体上分布不健全但呈稳定态势，表现为高值区域集中在以山东、江苏和广东等沿海省份，较高值区域分布在河南、安徽、浙江等中东部省份，四川也位于其中，中值区域呈零星分布，表现为不集聚状态，多为中西部省份，低值区域集中于西藏、青海、甘肃等西部省份。（5）省域资本规模集聚格局演化表明，自 1979 年以来，区域资本格局整体上变化较小，基本保持着较为稳定的集聚分布格局。热点区集中在以江苏为首的沿海省份，数量上由多变少，区域上逐步由东部向中部地区延伸，冷点区主要集中在西藏、青海等省份。热点区格局的演化过程能较好揭示区域资本的扩散和流动方向，刻画出了中国区域资本总体格局的演化方向是逐步由东部向中部地区延伸。

第四部分主要从金融资本的角度对我国区域资本的空间关联特征进行了分析。本部分以 1978—2018 年的 31 个省、市、自治区的金融发展数据为样本，构建中国区域金融资本的关联网络，以关联网络为基础，通过块模型将 31 个省、市、自治区划分为 4 个板块，并通过 QAP（Quadratic Assignment Procedure）方法，探析增强区域金融资本关联性的现实基础，提出增强区域金融中心资本溢出效应的措施。研究表明：（1）我国各个区域之间的金融资本关联网络的互联互通程度较高，溢出效应明显，因此国家在制定区域金融协调政策时应充分考虑这种溢出效应，畅通和提升各大板块之间的金融联通渠道。（2）在四个板块中，板块Ⅲ为净受益板块，板块Ⅳ为中介板块，板块Ⅰ为净溢出板块，对其他三个板块均存在溢出效应。（3）由块模型可知，对于板块Ⅳ中的欠发达地区，板块Ⅰ与板块Ⅱ对板块Ⅳ均有溢出，但并未为其带来高速增长。（4）QAP方法的估计结果表明，如果地理单元之间的经济发展水平相距较大，地理单元之间存在关联性的概率会降低。即使板块之间存在溢出效应，但如果板块之间经济发展水平的差距过大，存在"共生"式发展的可能性也会降低。（5）QAP模型回归分析结果表明，大力发展基础设施，改善地区之间的交通网络，"缩短"地区之间的空间区域，降低区域之间的交易成本，将会大大促进地理单元之间的关联性，加强资本在区域间的流动，增强发达板块向欠发达板块金融溢出的效率。

第五部分主要从银行信贷资本的角度实证分析了我国资本流动对区域经济的影响。以1990—2017年全国31个省市的面板数据为样本，构建实证模型，量化分析银行信贷对东中西部三大地区的经济发展影响。实证研究表明：（1）我国银行信贷资本的流动对我国区域经济的发展带来了明显影响。（2）东部、中部地区银行信贷资金对于地区经济增长的影响程度要优于西部地区，且高于全国平均水平。银行信贷资金对东部、中部地区的经济增长效用程度会更为明显。（3）东部地区的信贷资本一直占据着统治地位，从1982年以来全国占比就一直在50%以上，从追求资金使用效率的角度来讲，信贷资本应向东部地区配置。但从追求区域协调的角度来讲，西部地区和中部地区由于资金使用效率不高，信贷资本的存量也相差太远，必须得依靠政策措施才能较快地解决中西部地区经济增长中资本不足的问题。

第六部分主要从直接融资的角度实证分析了我国资本流动对区域经济的影响。本部分以 2000—2017 年全国 31 个省份的面板数据为样本，进行实证分析，建立计量经济模型探究直接融资对各区域经济增长的影响作用。实证研究表明：（1）直接融资对区域经济发展有显著性作用。（2）直接融资对东中西部各地区经济增长的影响作用有一定的差异，对中西部地区的经济推动效果更为明显。（3）东部地区的直接融资资本无论是 IPO 融资额还是债券发行额一直占据着绝对统治地位，近些年都是占据了全国的八成左右，所以无论从区域协调的角度还是从效率的角度，直接融资政策都应该要向中西部地区倾斜。

第七部分主要是根据上述研究提出政策建议，分别从改善营商环境，弥补区位劣势；统筹区域合作，承接产业转移；建设区域金融中心，补齐金融短板；加强宏观调控，促进区域协调等四个方面为促进资本流动与区域协调发展提出了具体的政策建议。

改革开放以来，市场主导的资本主要流向了东部沿海地区，区域资本呈现明显的集聚效应，但从 2008 年以来，东部地区的资本出现溢出和扩散，2010 年以后更加明显，溢出方向主要是由东部向中部地区延伸。我国各个区域之间的金融资本关联网络的互联互通程度较高,溢出效应明显,并且无论是从直接融资的角度看还是从间接融资的角度看,我国资本流动对区域经济发展的影响都发挥着重要的影响。

目 录

1 绪 论 / 1

1.1 研究背景与研究意义 / 1

1.2 文献综述 / 6

1.3 研究内容和研究方法 / 30

1.4 主要创新点 / 35

2 我国区域资本流动渠道分析 / 38

2.1 我国区域资本流动分渠道分析 / 40

2.2 我国区域间资本流动总体格局 / 60

2.3 小结 / 63

3 我国区域资本流动的时空演变特征分析 / 66

3.1 问题的提出 / 66

3.2 研究设计 / 68

3.3 我国区域资本时空演变的特征分析 / 72

3.4 小结 / 91

4 我国区域金融资本的空间关联特征分析 / 94

4.1 问题的提出 / 95

4.2 区域金融资本发展的社会网络分析方法 / 99

4.3 我国区域金融资本空间关联的实证分析 / 104

4.4 区域金融资本关联性的影响因素分析 / 116

4.5 小结 / 120

5 我国银行信贷对区域经济发展的影响实证分析 / 124

5.1 引言 / 124

5.2 资本流动对区域经济发展的影响机制分析 / 130

5.3 银行信贷对区域经济的影响作用 / 134

5.4 我国银行信贷与区域经济的发展现状分析 / 138

5.5 我国银行信贷对区域经济发展影响的实证分析 / 153

5.6 小结 / 157

6 我国直接融资对区域经济发展的影响分析 / 159

6.1 引言 / 159

6.2 我国三大区域直接融资情况分析 / 163

6.3 主要经济变量情况分析 / 173

6.4 我国直接融资对区域经济发展影响的实证分析 / 178

6.5 小结 / 183

7 政策建议 / 186

7.1 改善营商环境，弥补区位劣势 / 188

7.2 统筹区域合作，承接产业转移 / 191

7.3 建设区域金融中心，补齐金融短板 / 194

7.4 加强宏观调控，促进区域协调 / 197

参考文献 / 204

1 绪 论

1.1 研究背景与研究意义

1.1.1 研究背景

党的十九大报告中强调，中国特色社会主义进入新时代，我国社会主要矛盾已经转化为人民日益增长的美好生活需要和不平衡不充分的发展之间的矛盾。而我国区域之间的经济发展差距是不平衡不充分发展非常突出的一面，缩小区域经济发展差距是化解新的社会主要矛盾的当务之急。

1979 年，我国提出了沿海地区率先发展的区域发展战略，东部地区的经济高速增长，大量的资金和人才都向东部地区集聚。在"让一部分人（地区）先富起来，先富带后富"的思想指导下，东部地区在自身发展的同时也为带动我国总体经济的发展做出了巨大贡献，但随着经济的快速发展和经济集聚效应的产生，我国也付出了东中西部地区经济发展极不平衡的代价，中西部成为"塌陷地带"，与东部地区的差距越来越大。2000年后，为了经济持续健康发展，国家接连实施了西部大开发、东北地区等老工业基地振兴、促进中部地区崛起战略和"一带一路"倡议等，我国区域经济发展的相对差距开始缩小，但由于受到已有发展基础的影响，东中西部的绝对差距仍然存在，西部地区仍是我国区域经济发展的"短板"，区域经济协调发展的难题仍亟须解决。

2017年10月，党的十九大报告提出，"建设现代化经济体系是跨越关口的迫切要求和我国发展的战略目标"，为我国进一步推动经济发展质量变革、效率变革、动力变革提供了前进坐标和行动指南。其中，"实施区域协调发展战略"是"贯彻新发展理念，建设现代化经济体系"的重要组成部分，有效促进区域经济协调发展成了新时代推动我国经济持续健康发展的重要主题。2019年8月，中央召开了两次关于区域经济发展的重要会议，为区域经济发展定调。一是2019年8月26日，习近平总书记主持召开了中央财经委员会第五次会议，会议指出："我国区域经济发展的空间结构正在发生深刻变化，中心城市和城市群正在成为承载发展要素的主要空间形式。新形势下促进区域协调发展，要按照客观经济规律调整完善区域政策体系，发挥各地区比较优势，促进各类要素合理流动和高效集聚，增强创新发展动力，加快构建高质量发展的动力系统。"研究决定要根据各地实际情况，合理分工、优化发展，推动形成优势互补和高质量发展的区域经济布局。二是 2019 年 8 月 31 日，国务院副总理刘鹤主持召开了国务院金融稳定发展委员会会议，指出要充分挖掘投资需求潜力，探索建立投资项目激励机制，支持有较好发展潜力的地区和领域加快发展。高度重视基础设施、高新技术、传统产业改造、社会服务等领域和新增长极地区的发展。这两次中央层面的会议再一次把区域经济发展提到了重要地位，并为我国区域经济的发展指明了方向。

2019 年 8 月的两次中央会议报告中我们还看到：随着各类要素的流动和聚集，我国区域经济发展正面临重大的空间重构。而资本作为影响区域经济发展的重要生产要素，其流动和聚集必然对区域经济的空间重构带来深刻变化。资本作为一种关键生产要素，其流动方向与流动规律不仅影响我国经济发展的整体水平，而且对区域经济差距的变化会产生很重要的影响。一般来讲，我国区域资本流动主要包括银行信贷的转移、国内资本市场的资本流动、国内资本的跨区域投资、外商直接投资（FDI）以及政府主导的财政转移支付等，资本通过这些渠道进行跨区域转移和空间流动，在提高资本等生产要素的配置效率和促进经济发展的同时，还会带动其他生产要素的流动和聚集，这在一定程度上决定着一个国家的产业空间分布，并影响和改变着不同地区的经济地位。所以，资本的流动和聚集，不仅已经对我国区域经济的发展结构产生了重要影响，而且还会继续深刻影响着我国区域经济正面临的空间重构。因此，对我国资本的跨区域空间流动进行研究是我国区域经济发展的时代要求，也是新时代推动我国经济持续健康发展的题中应有之义。

1.1.2 研究意义

长期以来，在研究资本和经济问题时，由于缺乏有效的分析工具，无法将空间因素有效纳入经济学研究体系中，空间因素都被主流经济学所忽视，基本上是"在一个没有空间维度的地方"进行的(Isard，1956)[1]。虽然传统区域经济学也关注产业与经济的空间分布问题，但基本上认为资本空间流动是由不同地区收益率的高低决定的，而忽视了资本流动的聚集效应和分散效应及其对经济的影响，导致结论往往与现实不符。20世纪90年代，以克鲁格曼（Grugman，1991）[2]为代表的经济学者，创造性地把空间维度纳入主流经济学分析框架建立了空间经济学（新经济地理学）①，把被主流经济学长期忽视的空间因素纳入一般均衡理论的分析框架中，研究经济活动的空间分布规律，解释现实经济生产中的空间集中机制，并通过这种空间集中机制分析研究经济增长的规律与途径。空间经济学在资本流动领域建立了 FC 模型（自由资本模型）、FCVL 模型（自由资

---

① 空间经济学又叫新经济地理学，为了简便，下面只称空间经济学。

本垂直联系模型）和 LFC 模型（线性自由资本模型），这为资本区域流动或空间流动的研究提供了有效的研究方法和理论基础。空间经济学理论认为，资本空间流动取决于两个区域的名义资本收益率差异和两区域的资本使用份额，而资本收益率的差异主要取决于区域交易成本、聚集力和分散力的大小 [3]。一些欧美学者在此理论基础上对资本流动做了一些研究，但一般都关注跨国资本流动，很少对一个国家的内部区域资本流动进行研究，究其原因，是这些国家较早实现了国内市场一体化且程度较高，而且多数欧洲国家面积较小，所以认为国内资本是在匀质空间下流动，不存在大的差异，研究一国内部区域资本流动的价值不大。而我国区域辽阔，不同区域的经济结构和地理状况很不相同，异质性显著，分为明显的东中西部三个区域，所以运用空间经济学理论研究我国区域资本流动不仅具有理论指导意义，而且具有较强的现实意义。

在国内的文献中，已有研究对我国区域资本流动进行了探索，但主要是进行现象描述和数据统计，较为缺乏理论高度的解释。我国区域资本的流动是处于空间集聚趋势还是处于扩散溢出状态？区域资本流动是否存在经济学中的"拐点"现象？现有文献较少涉及该问题，但这对我国区域经济政策的制定非常重要。在实证方面，已有文献一般采用描述性统计方法，而且大部分学者都把区域当成相互独立的个体进行分析，很少采用空间数据分析方法、地理信息系统分析法和空间计量经济方法来做资本流动的空间分析，导致区域资本空间异质性和空间关联性并存下的实证难题没有得到解决，这明显与现实不符。

因此，研究拟从我国国情出发，借鉴空间经济学理论，结合区域经济学、地理学、金融学等相关理论，从 1979—2018 年对我国东中西部各省的资本流动进行全域和全方位地考察，深入探讨资本在我国区域间流动的空间规律和关联特征，实证分析其对区域经济发展的机制和影响，一方面在理论上补充和完善区域资本流动理论，为我国资本空间流动提供新的研究思路，另一方面为我国区域经济协调发展和经济空间布局提供定量依据和决策支持，具有一定的理论价值和重要的现实意义。

1.2 文献综述

1.2.1 资本流动与区域经济发展研究的文献计量

从现有文献来看，研究资本流动的文献主要以跨国流动为研究对象，以中国为研究对象的文献主要以中文文献为主，鲜有外文文献研究我国资本的跨省、跨区域流动。本研究的核心主题包括区域经济与资本流动两个方面，首先梳理区域经济的研究进展，截止

2019 年 10 月 31 日，以"区域经济"为主题搜索文献，共计获取
23294 篇文献，2000 年之后，每年的发文数量显著提升，到 2010
年上升到历史最高值，其后逐渐递减（如图 1.1）。在与之相关的主
题中，"协调发展"出现的频率较高。

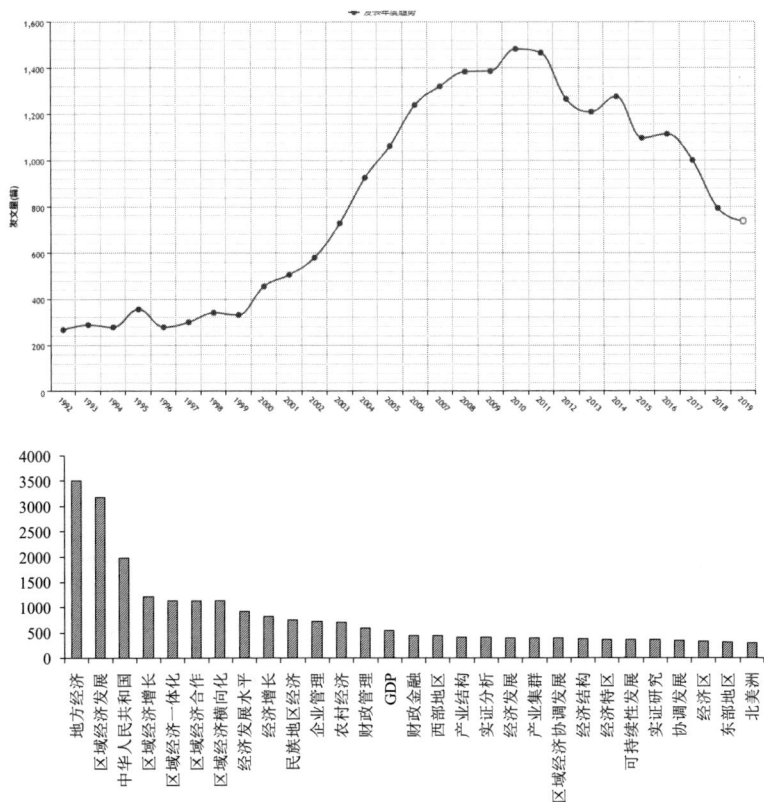

搜索条件：主题 ="区域经济发展"，来源类别 ="核心期刊
&CSSCI&CSCD"。

图 1.1　区域经济的发文趋势与相关主题

　　再以资本流动为主题，在核心中文期刊和 CSSCI 期刊中进行搜索，最终得到 2536 篇文献。图 1.2 中给出了自 1992 年以来的发文数量与相关主题，从发文数量的趋势来看，关于资本流动的文献逐年增多，自 1999 年之后，发文数量显著上升；其中，2016 年的发文数量为 155 篇，为历史最高值。从相关主题的分布来看，关于资本流动的文献主要关注于国际资本领域，关于国内区域之间的资本流动则相对较少。

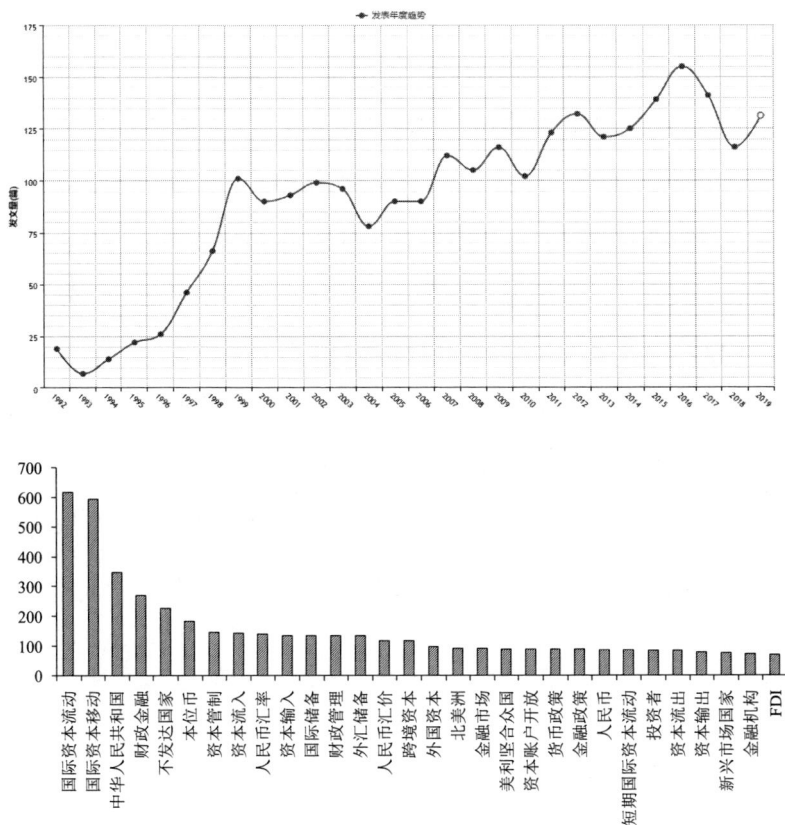

搜索条件：主题＝"资本流动"，来源类别＝"核心期刊&CSSCI&CSCD"。

图1.2 资本流动的发文趋势与相关主题

　　根据考察的对象划分，资本流动可以分为跨区域流动、跨行业流动、跨部门流动、跨国流动，本研究主要考察资本的跨区域流动对区域经济发展的促进作用，因而进一步以"资本流动"&"空间"为主题搜索文献，共计获取 66 篇文献，2011 年之后，每年的发文数量显著提升，如图 1.3 所示。自十九大报告提出"我国社会主要矛盾已经转化为人民日益增长的美好生活需要和不平衡不充分的发展之间的矛盾"以来，区域经济发展成为研究热点问题，关于空间视角下资本流动的文献显著增加。在与之相关的主题中，微观层面的主题相对较多，如税收竞争、人力资本、要素流动、产业聚集等，即从微观层面分析资本跨区域流动的内在原因，但鲜有主题涉及资本的跨区域流动对经济发展的影响。

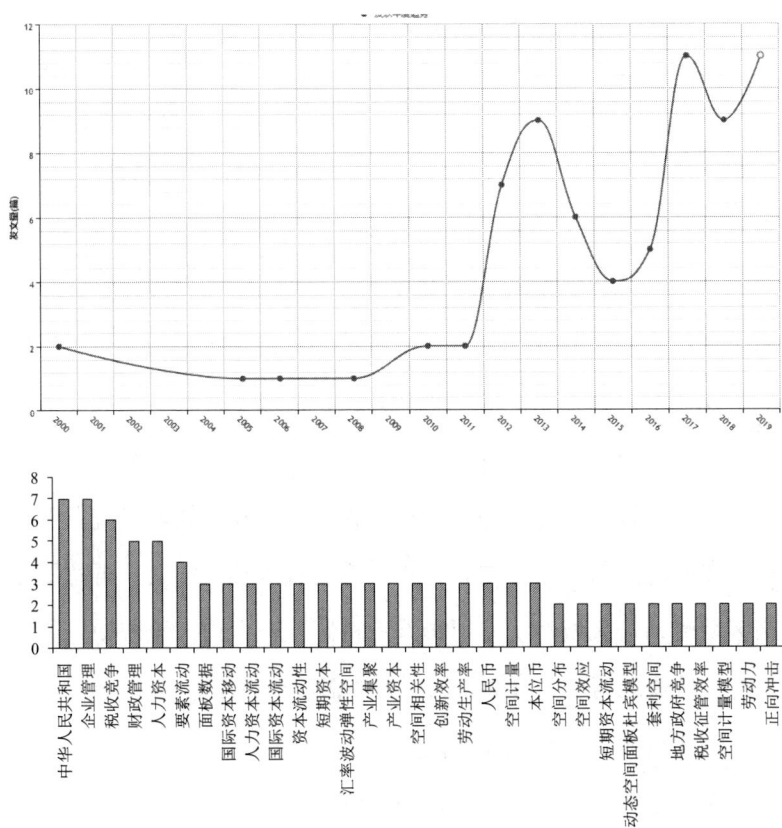

搜索条件：主题＝"资本流动"＆"空间"，来源类别＝"核心期刊＆CSSCI&CSCD"。

图 1.3 空间视角下资本流动的发文趋势与相关主题

1.2.2 资本流动理论的国内外文献综述

在回顾研究进展时，本节遵循"先分后总"的逻辑，先按主题分别综述资本的区域流动，然后再以两者一同作为主题进行综述，归纳资本跨域流动对区域经济发展影响的逻辑与机制。区域是一个相对的概念，如果从全球的视角来看，区域更多是指大洲与国家，如果是从一个国家的视角来看，区域更多是指经济区域、州、省等地理单元。本研究是以中国为研究对象，区域主要是指三大经济区域、八大经济板块和各个省、市、自治区，因而在文献综述中，主要集中于回顾资本的跨经济区域和跨省流动以及对区域经济发展的影响。在回顾文献时，首先界定资本跨区域流动的定义，再总结资本跨区域流动对区域经济发展影响的机制。资本跨区域流动包括资本、跨区域流动两个关键词，因而首先需要明确资本的定义。

1.2.2.1 资本跨区域流动的内涵

在明确资本跨区域流动的内涵之前，首先需要明确资本的定义。经济的发展离不开资本的投入，资本是经济活动的核心要素之一，但对于资本内涵的界定则并不统一。在经济学理论中，第一次提出资本概念的是英国的经济学家诺思，但没有直接给出资本的定义，而是通过利息间接定义资本，"资本所有者从中得到的叫利息，所谓利息不过是资本的租金"。马克思主义经济学家认为，资本是带来剩余价值的价值，资本不是物而是社会关系的反映。与马克思主义经济学不同，西方新古典经济学家主要从资本在生产中的作用来界定资本的内涵，认为资本一般是一种生产要素，与劳动、土地、知识一起构成生产过程的核心要素，具体包括建筑、设备以及投入和产出的存货。

随着经济社会的发展，资本的内涵也在变化和发展，不同的经济学流派和经济学者基于不同的研究目的，对资本的概念和范畴给出了不同的理解，但经济学理论界普遍认为市场经济下的资本范畴应包含以下三个方面：

（1）资本是一个货币价值体，是社会化再生产过程中商品化和货币化生产要素的价值集合体。货币和其他金融资产，还有厂房、机器设备等生产耐用品是资本的物质承担者或具体载体，资本研究的是内在于这些物质承担者或具体载体中的价值及其运动。（2）资本是能带来价值增值的价值，这是其根本属性和基本的经济功能。（3）货币及其他金融资产只有投入生产过程中才能形成资本，因为资本是生产要素，只有当货币和其他金融资产作为生产要素投入到社会生产过程中才构成资本[4]。

社会生产中的资本分为实物资本和金融资本。实物资本是指用来生产生产资料或消费品的耐用品，如厂房建筑物、机器设备和交通运输设施等。对厂房、机器设备、基础设施等实物资本存量，一旦布置在某个区域，由于迁移成本太高，如果迁移到其他区域经济上会得不偿失，所以实物资本存量难以区间流动。如果其流动，一般会以下面两种方式进行：直接将该区域的实物资本出售到其他区域；或将该区域的实物资本贴现，转换为货币资本，再到别的区域直接投资。对实物资本流量（如新买的机器设备）来讲，原则上可以在区域间流动，但需要支付区域间转移的运输费用，运输成本和空间距离对这类资本的区域间流动有比较大的影响。而金融资本是指与社会生产有关的各种金融资产，一般表现为货币形式，如借贷资本和股份资本等。金融资本在区域之间容易流动，是区域间资本流动的主要表现形式，市场的开放度、金融市场和市场体制是否完善、政策因素对其区域间流动有重要影响。在本研究中，无论是实物资本的流动还是金融资本的流动都是生产过程中产业资本流动的结果和具体表现形式[5]。

在市场经济体制下，资本的区域流动与资本的本性是分不开的，其流向与流量取决于资本的自然属性，即资本要实现其自身的保值增值目的，在规避风险的同时能实现最大盈利。只有当资本转移所得收益足以弥补全部流动费用和风险后，才会发生资本的空间转移[6]。本研究的资本流动是指资本所有者出于保值增值或避险的目的，将资本从一个经济单位向另一个经济单位进行转移，即指政府、金融机构、企业和个人通过各种渠道，将资本投入到某一区域的某一部门或行业，从事生产经营活动，以谋取利润的行为。作为一种经济活动，资本流动是以盈利为目的的，储蓄剩余单位让渡资本使用权，并由此获得利息、股息或其他利润收益。区域间资本流动一般以货币流动作为其主要表现形式，但其反映的是生产要素的区间流动。但在市场机制不完善的国家，资本有时不一定按照市场规律流动，如由政府主导的资本流动[7]。

资本是生产的要素，与其他生产要素一样，资本的空间分布也不均衡，资本的成本也存在空间差异，无论是国家之间，还是一国内部的区域之间，都是如此。资本空间上分布的不均衡以及资本成本的空间差异，将驱使资本所有者将资本从一个经济单位转向另一个经济单位，从一个区域转向另一个区域，以获取资本的价值增值，资本在空间上的跨区域流动就成为必然[8]。资本在区域之间的流动可以分为以下 6 类：

（1）狭义的资本区际流动和广义的资本区际流动。狭义的资本区际流动指资本在一个国家境内的跨区域流动，而包括资本跨国流动在内的区际流动称为广义的资本区际流动。当资本从其他国家流入时，就是资本的国际流动或称为国际投资。流入我国的国际投资绝大部分是外商直接投资（FDI），其往往从母国直接流入东道地区，一般不再在一国内部发生跨区域流动，因此，考察我国内部的跨区域资本流动时，有时可以不包含外国资本，只考虑狭义的资本区际流动即可[9]。

（2）从资本流动的渠道看，区域间的资本流动可以分为民间直接投资渠道、金融信贷渠道、资本市场渠道、政府预算渠道和其他渠道。民间跨区域直接投资是指一个地区的企业或居民直接到另一个地区进行投资，如开办一个新的企业或建立分厂。金融信贷渠道是指资金通过金融系统的借贷在不同区域间进行重新配置。资本市场渠道是指各地区的企业通过证券一级市场进行直接融资，资本通过证券市场流入各个地区。政府预算渠道主要是中央财政的预算资金通过转移支付的形式在各个地区的分配。其他渠道主要是外商直接投资进入各区域的资本[10]。

（3）按资本区域流动的主导方式，资本流动可分为市场主导的资本流动和政府主导的资本流动。市场型的资本流动，是指资本按照市场规律、按照追求价值增值的本性进行的自由流动；政府主导的资本流动是指用预算行政的手段配置资本，资本按照政府的调配而进行配置的资本流动。具体而言，通过民间渠道和资本市场渠道的资本区际流动属于市场主导型的资本流动。通过财政渠道的资本区域流动属于政府主导型的资本流动。至于金融机构信贷渠道的资本流动，则要视具体情况而定。国家银行系统信贷渠道的一般属于政府主导，但现在越来越受市场因素左右，其他金融机构信贷渠道的资本流动则属于市场主导。在中国经济转型过程中，有时候市场主导的资本流动和政府主导的资本流动搅在一起，很难明显分开。有时政府或政策导向的资本，有部分会通过地方政府或银行的运作，流入市场导向系统，发生跨区域重新配置[11]。

（4）从资本流动的范围看，可以分为微观资本流动和宏观资本流动。微观资本流动是指企业、金融机构或个人通过各种渠道将其所拥有的资本投入到各种生产经营活动中谋取利润的行为。宏观资本流动则指一个国家或地区的资本从储蓄到投资，资本在不同部门和不同区域之间进行组合的流动。微观资本流动是宏观资本流动的基础，宏观资本流动则是微观资本流动的最终体现[12]。

（5）从流向的角度看，资本流动可以分为纵向流动和横向流动。资本的纵向流动是指资本由储蓄转化为投资的过程，即资本形成与积累的过程，其流动速度及规模受资本所有者的收入水平和资本市场的活跃程度等因素的影响；资本的横向流动则指资本在不同个体、不同部门和不同区域之间的流动，影响整个社会的资本空间配置结构[13]。

（6）按流动的自由程度看，资本流动分为完全的资本流动和不完全的资本流动。前者指资本流动只受资本收益率的影响，资本在部门和区域间的流动是自由的，只为增值和避险的目的，不受其他因素的影响。不完全的资本流动是指资本流动还会受到政治体制和市场结构等因素的影响，资本流动会受到非市场因素的阻碍，影响其完全自由流动。现实经济中大都是不完全的资本流动[14]。

1.2.2.2 资本跨区域流动的动力

从已有文献的观点来看，资本跨区域流动的原因主要可以归纳为两个方面：政策倾斜与市场机制，即政府主导与市场主导两种形式。政策倾斜是资本流入的主要动力，而市场机制是资本流出的驱动因素。资本跨区域流动存在空间依赖（吴新生，2011；Wei

&Boyreau-Debray，2004；Li，2010）[15][16][17]，且有"亲富"特征（倪鹏飞，2014）[18]，政策倾斜是资本流入的动力，而市场机制是资本流出的驱动因素（王喜、赵增耀，2014）[19]。

资本流动存在突出的区域差异，在各个地区内部，东部地区资本流动较为活跃、西部次之，中部地区资本流动活跃程度较差（王振兴，2018）[20]。在区域之间，西部地区是资本承接地，东部地区是来源地，中部地区兼具两种角色（蔡翼飞等，2017）[21]。外商投资会促进资本从东部流向中西部，而中央政府的投资则会导致资本从西部流向东中部（余壮雄、杨扬，2014）[22]，也有观点认为外商投资存在挤出效应（王永齐，2016）[23]。在政府招商引资的激励之下，政府税收竞争和地方政府财政支出竞争对区域资本流动产生了深刻影响（钟军委、林永然，2018）[24]，政策激励能够左右资本流向（杨贵军等，2017）[25]。

政策倾斜来自国家战略的推动，而资本作为重要的生产要素，跨区域流动的背后则包含多个层面的微观原因，例如税收竞争（蒲艳萍、成肖，2017；赵娜等，2018；袁诚等，2019）[26][27][28]、财政竞争（张梁梁、杨俊，2017）[29]、地方政府竞争（钟军委、林永然，2018；钟军委、万道侠，2018）[30][31]、知识创新（王钺、白俊红，2016）[32]。

1.2.2.3 资本跨区域流动的测度

资本跨区域流动程度可以通过统计方法进行量化，Feldstein &

Horioka（1980）提出了"跨期储蓄 - 投资模型"（F-H 模型）[33]，通过投资率与储蓄率的相关系数测度资本的跨区域流动程度，如式（1）所示：

$$\frac{I_{it}}{Y_{it}} = \alpha + \beta \frac{S_{it}}{Y_{it}} + \varsigma_{it} \qquad （1）$$

其中，I_{it}、S_{it}、Y_{it} 依次为投资、储蓄与 GDP，β 为储蓄比率对于投资比率的边际效应。在假设条件下，投资仅与收益率相关，与储蓄无关，但如果区域内的投资率与储蓄率高度相关，则说明区域内的储蓄资金转化为了投资资金，没有对外流出，即区域之间的资本流动性较低。

在实际应用中，多以国际之间的资本流动为研究对象，Bayoumi（1990）[34] 采用该方法测算了英国各区域资本流动的大小，Andrew 等（2003）进一步检验了资本跨域区域流动的可靠性[35]，HongKee Kim（2004）则估计了 OECD 国家中的拉美国家和亚洲国家之间的资本流动性。在此基础上，Alfaro et al.（2008）给出了一种直接测算国家之间的资本流动指标的方法[36]。蔡翼飞等（2017）认为对于国土面积较小的国家，国内资本能够充分流动，但对于幅员辽阔的国家而言，资本的流动会受到区域经济发展差距的制约，因而有必要对资本跨区域流动进行量化，剖析抑制资本跨区域流动的原因[37]。

1.2.3 资本跨区域流动与区域经济发展的文献综述

1.2.3.1 资本跨区域流动对区域经济发展的重要性

资本是稀缺的，资本作为主要的投入要素，资本的跨区域流动对于区域经济发展具有至关重要的作用，已有文献从不同视角进行了阐释。

Chenery&Strout（1966）提出了"两缺口模型"，从理论上分析了区域经济发展过程中利用外资的重要性。当一个地区在经济发展过程中面临较大的储蓄缺口和外汇缺口时，外资的进入能促进该地区资本形成水平的提高，进而推动该地区的经济发展。"两缺口"理论为资本形成指出了区域经济体系以外的资本来源，将封闭条件下的资本积累理论发展成为开放的资本形成理论，其后一些学者在该理论的基础上提出了"三缺口（储蓄缺口、外汇缺口和技术缺口）"模型和"四缺口（储蓄缺口、外汇缺口、政府税收缺口和生产要素缺口）"模型[38]。Hoover&Giarratani（1984）认为资本流动主要是通过资本的整合效应作用于区域经济增长，资本的流动会使自身结构得到优化，使内部联系有机化，产生放大效应从而推动经济增长。微观层面表现在区域通过输入关键的生产要素，改变要素的关联方式，将使资本的使用效率大为改善。宏观层面表现在该区域借助资本的横向流动机制，使前后向联系的产业形成有机化的整体[39]。

资本跨区域流动对经济发展的促进作用会受到资本类型的影响，Dhingra&Misra（2004）把资本流动分为权益性资本流动和债务性资本流动，对 58 个发展中国家的经济增长效应作了实证分析，结果发现，不同类型的资本流动对经济的影响存在差异：权益性资本流动对经济产出增长有明显的正效应，而债务性资本流动对经济产出的影响不稳定，在促进国家的经济发展方面没有发挥显著性作用[40]。

诸多文献认为资本跨区域流动能够促进区域经济发展需要具备某些先决条件，资本账户是否开放是学者们关注的焦点。Klein（2009）通过分析检验工业化国家的资本项目自由化对金融深化的影响以及金融深化对经济增长的影响，认为资本项目自由化对经济增长以及经济发展差距具有显著的正效应[41]。Edwards（2001）建立了一个包括资本流动、人力资源和人均 GDP 等变量的模型，对 1975—1997 年间 61 个国家进行了实证分析，研究结果表明，资本项目开放对发达地区经济增长的总效应是正的，而对新兴地区经济增长的总效应平均来说是负的，说明国际资本流动对东道国经济增长的影响受其经济发展水平的制约[42]。Hryckiewicz & Kowalewski（2010）将 61 个国家的 1973—1992 年间的数据分成四个时间段对 Edwards 的观点重新进行了检验，发现只有微弱证据表明资本跨国流动的经济增长效应是随着一个国家的金融和制度水平变化的。如果这个国家的贸易和资本开放，那么资本账户自由化对经济增长的影响才会出现明显的正效应[43]。

当然，也有学者持不同的观点。Rodrik（1998）采用投资率、通货膨胀率和经济增长率指标对 100 个国家的数据进行计量分析，结果却表明，解除资本控制的国家并不具有更快的经济增长率。在其他决定因素不变的情况下，资本控制与否和对经济的长期发展没有影响[44]。

1.2.3.2 资本跨区域流动影响区域经济发展的机理

对于资本的跨区域流动与区域经济发展的关系，学者提出了两种截然不同的观点：一种是累积循环因果效应，另一种是威廉姆森的倒"U"型理论。

累积循环因果效应是由缪尔达尔（Myrdal）提出，缪尔达尔认为在市场不完善、信息不对称和资本流动不充分的条件下，经济发达的区域会对周边的经济欠发达区域的资本产生虹吸效应，欠发达地区的资本不断向经济发达区域集中，从而导致经济发展速度原本较快的领域以更快的速度发展，而经济发展速度原本较慢的地区停滞不前，形成"马太效应"。Mac.Dougall（1960）在完全竞争市场和规模报酬不变的假设情况下，建立了两地区的资本流动和经济福利增长关系模型。研究结果认为，由于资本的初始禀赋和各国的边际生产率不同，各国的资本收益率也会不同，资本就会从收益率低的地区向高的地区流动[45]。按照缪尔达尔的理论框架，政府应主动干预包括资本在内的要素流动，协调区域发展[46]。

威廉姆森（Williamson）认为"马太效应"不会一直存在，区域经济增长是不平衡到平衡的过程。在经济发展的早期，区域经济倾向于不平衡增长，在"回波效应"的作用下，区域经济差距将逐渐扩大；随着经济的不断发展，区域之间的差距将趋于稳定；当经济发展进入成熟阶段，经济发达地区的"溢出效应"不断显现，区域之间的经济发展差距逐渐缩小，趋向于平衡增长，即经济增长与区域经济差距呈现倒"U"型特征。威廉姆森将引致倒"U"型特征的现实原因归纳为四个方面：劳动力迁移、资本流动、发展模式选择与市场一体化，其中资本流动最能反映出先趋异后趋同的长期变化趋势。在经济发展的起步阶段，相比于欠发达地区，经济发达地区的资本存在超额收益，资金会不断向发达地区集中。随着经济的深入发展与统一市场的建立，超额收益会逐渐消失，资金会逐渐向原有欠发达地区回流，从而导致区域经济发展水平趋同。

在后续的研究中，诸多学者认为资本的跨区域流动是导致经济发展水平趋同的主要动力。Frenkel&Razin（1975）经过实证研究分析发现不同的要素流动对区域经济增长收敛或发散所起的作用不同，其中，资本的流动会导致区域经济增长的收敛[47]。Quinn&Inclan（1997）最先对资本项目自由化和经济增长之间进行了研究。他们采用人均 GDP、金融开放度、投资率和人口增长率等指标对1960—1989 年间 58 个国家的数据进行了计量分析，研究结果表明，资本项目自由化对人均 GDP 的正效应显著，说明资本项目自由化会促进资本输入国的经济增长[48]。Razin & Yuen（1997）采用外债与 GDP 的比率作为衡量资本流动性的指标，然后对资本流动性与经济增长之间的关系进行了实证研究，研究认为资本流动是导致不同国家或地区经济增长趋于收敛的重要因素，如果限制资本流动，就一定会导致不同地区的经济增长趋于发散[49]。Goldberg&Klein（1999）对 1976—1995 年间 85 个国家的样本数据经过分析后，进一步发现，资本流动的经济增长效应和一个国家的人均收入以及制度环境之间存在着"倒 U 型"关系：资本账户开放对一些中等收入国家能促进经济增长，而对富国和穷国却没有显著影响。从资本账户自由化中获利的多为市场制度比较完善的国家[50]。

1.2.3.3 资本跨区域流动协调区域经济发展的效果

在明确资本跨区域流动对区域经济发展的重要性以及作用机理的基础上，进一步总结资本跨区域流动在协调区域经济发展中的作用。协调区域经济发展是我国治国理政的重要目标之一，因而有大量中文文献以此为主题，已有文献可以归纳为两个方面：资本跨区域流动是否是形成区域经济发展差距的主要原因？能否通过协调资本在区域之间的配置，从而协调区域经济发展？

从已有文献来看，诸多学者继承了缪尔达尔的观点，认为我国的资本跨区域流动与区域经济发展存在"马太效应"，形成了"恶性循环"。杜两省（1996）认为国家改革开放以来采取了投资向东部沿海地区倾斜的政策，这种策略在市场经济发展的初期有利于经济整体的快速增长，但随着市场经济发展的深入，社会资金会在市场利益的驱动下更多地向发达地区流动[6]。张敦福（2001）认为，我国东部与西部的区域经济发展差距是由生产要素的内部积累以及要素的区域流动造成的，而决定要素积累和流动的是区域间要素收益率的高低，由于我国东部地区的要素收益率比西部地区的高（蔡昉、王德文，2002）[51]，结果导致生产要素从西部向东部流动，从而东西部的经济差距不断扩大[52]。胡晓鹏（2003）认为区域资本流动的发生是由各地区资本利润率的高低决定，在市场体制下，当资本转移的收益减去全部转移费用如果还有较大剩余，资本存量就会发生空间转移，而区域间资本收益率存在差距的根本原因正是区域间经济发展水平的高低，因此区域经济差距的存在会引起区域间的资本流动[8]。门洪亮、李舒（2004）分别对我国1990—2002年间的东、中、西部三大区域的资本流动项目与GDP进行量化分析，结果发现我国区域发展差距的变化与资本流动的方向呈现高度一致性，区域财政收支差额、外资、资本市场直接融资以及全社会固定资产投资都与GDP正相关，其中资本市场融资额与外资对GDP的贡献较为突出[53]。

郑长德、曹梓燨（2008）实证研究了我国区域资本流动与经济增长收敛性的关系，发现我国东部是资本净流入区域，提高了资本存量规模，推动了经济发展，而中西部地区则是资本净流出区域。我国区域资本的流动与东部经济增长呈现正相关关系，与中西部地区则呈现负相关关系 [54]。彭文斌、邝嫦娥（2010）从资本、劳动力、产业结构和政策区位等四个方面运用主因子分析方法对我国的区域经济差距进行了实证分析，实证结果表明资本流动是影响区域经济差距的一个主要因子，不同渠道的资本流动对区域经济差距的影响方向和程度不同 [55]。严浩坤（2011）对我国 1991-2008 年各种渠道的资本流动进行了梳理，研究发现跨区域资本流动是影响我国区域经济不均衡发展的主要因素 [56]。

郭金龙、王宏伟（2003）运用各地区 1990—1999 年间的 GDP 和资本流动相关数据考察了我国区域经济发展差距的具体特征，从固定资产投资、政府预算资金以及银行资金等七个方面研究了我国区域资本流动的趋势，认为资本流动是决定经济增长水平和影响区域经济差距变化的重要因素。并考察了不同地区的资本效率，实证分析了政府、国有银行和企业主导的资本流动与区域经济增长间的关系，认为东部的经济基础、投资收益率和发展环境吸引资本流入，形成了资本流入和区域经济增长的良性循环 [57]。资本在区域之间的边际产出差异是导致资本跨区域流动的主要因素，除此之外，外商直接投资（FDI）也会间接带动资本的跨区域流动，王小鲁、樊纲（2004）研究发现，我国的外商直接投资以及国内资本大都流入了东部沿海地区，带动了中西部的廉价劳动力也流向了这个投资地区，进而使直接投资更加流向该区域 [58]。

通过梳理文献不难发现，绝大多数文献都认为资本向经济发达地区流入进一步扩大了区域经济差距（林毅夫、刘培林，2003）[59]，因而需要以协调区域之间的资本配置为突破口，缩小区域经济发展差距。马拴友、于红霞（2003）重点考察了我国政府转移支付对区域经济增长的影响，认为我国的政府转移支付由于在地区间分配的不合理、资金使用效率较低等原因，在协调区域经济发展中并没有起到应有的作用[60]。在讨论如何通过协调配置以缩小区域经济差距时，往往将之归并到一个更为宏观的主题——区域金融发展与区域经济发展，资本跨区域流动往往与区域之间的金融发展水平紧密相关（丁艺等，2010；彭宝玉、李小建，2010）[61][62]，金融资本在区域经济发展中占有举足轻重的地位（王定祥等，2009；刘金金、龙威，2016）[63][64]。

中国各地区的金融发展与经济增长密切相关，区域金融发展水平的差距可部分解释我国区域间经济增长水平的差距（周立、王子明，2002）[65]。转轨时期我国各地区的金融中介发展水平和经济绩效之间呈现显著的正相关关系，要缩小区域之间的差距，关键是要提升金融组织的规模与质量（李江、冯涛，2004）[66]。伍海华（2002）对我国 31 个省、市、区的金融发展状况采用多变量因子分析法进行了定量评价，结果表明，区域经济的增长基本上取决于资金积累和吸引外资的能力，中国经济的东强西弱是区域金融发展二元结构的反映，要想解决这种现象，必须提高中西部地区的金融发展水平[67]。为避免区域经济发展差距过大，各国一般会采取适度的有差别的区域金融政策和措施，如建立区域经济发展基金，赋予地方一定金融政策制定权和调控权，实行金融政策区域化等（江世银，2003）[68]。

区域金融发展与区域经济发展差距的关系存在异质性，艾洪德等（2004）的实证研究表明，金融发展与经济增长在总体上存在因果关系，但在不同的区域，两者的关系并不一致，在全国范围内、东部地区的金融发展和经济增长呈现正相关的关系，而中西部则呈现负相关的关系，过度开放的金融市场化对不发达的中西部地区的经济增长反而不利[69]。我国金融市场的融资以间接融资为主，区域金融机构贷款反映的是投入一个地区的信贷资金量，体现了该地区的金融发展程度，贷款余额与经济增长成正相关关系，贷款能够直接带动经济的增长，但对于不同的区域，贷款对于 GDP 的边际效应存在异质性。对于东部地区，贷款增量每增加一个单位，GDP 将变动 0.1776 个单位，中部和西部的贷款增量对 GDP 的影响不显著（肖燕飞、曾令华，2009）[70]。肖燕飞（2017）以 1979—2014 年31 个省市自治区的宏观数据为基础，呈现出了我国区域资本的演变特征，并检验了区域资本与经济发展的关系，实证研究表明东部地区资本与区域经济水平存在着长期稳定关系，中西部因资本形成额和固定资产投资的不显著，未能形成稳定关系[71]。

1.2.4 文献评述

通过对以上国内外相关文献的梳理，本研究发现，欧美学者一般都关注跨国资本流动，很少对一个国家的内部区域资本流动进行研究，究其原因，是这些国家较早实现了国内市场一体化且程度较高，而且多数欧洲国家面积较小，所以认为国内资本是在匀质空间下流动，不存在大的差异，因而研究一国内部区域资本流动的价值不大。而我国区域辽阔，不同区域的经济结构和地理状况很不相同，异质性显著，分为明显的东中西部三个区域，所以应用空间经济学理论研究我国区域资本流动就具有较强的现实意义。

国内有些学者对我国区域间的资本流动虽然进行了研究，但系统规范的文献不多，多数是从某个角度对我国资本跨区域流动现象进行统计和描述，很少全角度和全域地考察我国资本跨区域流动问题，还缺乏理论高度的解释。其次，现阶段我国区域资本的流动是处于空间集聚趋势还是处于扩散溢出状态？这对我国区域经济政策的制定很重要，但从国内外现有文献可以看出，很少有学者从理论和指标上对此做全面的分析。第三，区域和省域资本之间的空间关联性对研究资本扩散溢出的方向非常重要，因为关联性是形成溢出效应的前提，如果发现了区域资本之间的关联性，也就找到了区域资本溢出的方向。但也很少有文献对我国区域资本之间的关联性做出回答，究其原因，一是研究国内区域资本流动的学者比较少，二是很难找到合适的实证方法。这些都需要我们做进一步的深入研究。

1.3 研究内容和研究方法

1.3.1 研究内容

资本作为一种关键生产要素，其流动方向与流动规律不仅影响我国经济发展的整体水平，而且对区域经济差距的变化会产生很重要的影响，其流动和聚集必然对我国区域经济的空间重构带来深刻变化。因此，本研究基于 1979—2017 年间的统计数据首先对我国中东西部三大区域间资本流动渠道和格局进行统计分析，对我国东中西部各省的资本流动进行全域和全方位的客观考察，然后深入探讨资本在我国区域间流动的空间规律和关联特征，并以金融资本为例实证分析了我国资本流动对区域经济发展的影响。

本书的结构及主要内容安排如下：

第一部分为绪论，主要是阐述本研究的研究背景和研究意义，梳理与本研究相关的国内外文献，对主要概念进行厘定，阐述本研究的主要内容和研究方法，说明主要的创新点。

　　第二部分主要是分渠道对我国区域资本流动进行全方位的考察，,
根据 1979—2017 年间的统计数据从银行金融渠道、资本市场渠道、
外商直接投资渠道以及全社会固定资产投资渠道对三大区域的资本
流动进行详细对比分析。需要说明的是，虽然民间资本跨区域投资
也是国内区域间直接投资的一个重要渠道，但是由于缺乏相关的统
计资料，在这里不作分析，这个渠道流动的资本在全社会固定资产
投资渠道里有所体现。而财政跨区域转移支付政府渠道可能由于属
于财政部保密数据，一直没有官方的权威数据公布，只是在全社会
固定资产投资渠道里有部分体现，这里没有详细的权威数据，也无
法做细致分析。但总之，资本经过各个渠道流动之后，最后均会在
最终目的地沉淀和形成投资，所以我们可以通过分析每年各区域的
各种资本的变化以及资本形成总额的变化过程来对区域间资本流动
的格局进行分析，同时也可以以此来间接推算区域资本流动规模。

　　第三部分主要是对我国区域资本流动的时空演变特征进行深入
分析，系统分析了我国三大区域以及各省域不同资本的时空演化过
程。从资本空间分布、收敛和集聚特征，揭示了我国资本的空间异质
性和空间依赖性，明晰了我国区域资本的流动特征和空间集聚规律。

　　第四部分主要从金融资本的角度对我国区域资本的空间关联特
征进行了分析。本部分以 1978—2018 年的 31 个省、市、自治区的
金融发展数据为样本，构建中国区域金融资本的关联网络，以关联
网络为基础，通过块模型将 31 个省、市、自治区划分为 4 个板块，

并通过 QAP（Quadratic Assignment Procedure）方法，探析增强区域金融资本关联性的现实基础，提出增强区域金融中心资本溢出效应的措施。需要说明的是，之所以以金融资本为例进行探讨是因为金融资本的流动最能反映市场力量以及社会资本的流动趋势，最具代表性。

第五部分主要从银行信贷资本的角度实证分析了我国资本流动对区域经济的影响。由于我国资本的跨区域空间流动的主要表现形式是通过银行信贷资金渠道的存款和贷款在不同区域之间的调配来体现的，而且银行信贷资本的跨区域流动也最能体现一国资本的市场驱动机制，在我国各种资本里其对区域经济的影响也最大，所以在这部分我们选取了银行信贷资本作代表实证分析了我国资本流动对区域经济的影响。我们选取了 1990—2017 年全国 31 个省市的面板数据（地区人均 GDP、金融机构年末贷款总额、固定资产投资额、地方财政预算收入）作为样本进行实证分析，建立计量经济模型探究了银行信贷资本对东中西部三大地区的经济发展影响。

第六部分主要从直接融资资本的角度实证分析了我国资本流动对区域经济的影响。金融市场上的融资分为直接融资和间接融资，第五部分已经从银行信贷（间接融资）的角度分析了我国资本流动对区域经济的影响，所以本部分主要是从直接融资（股票和债券）的角度实证分析我国资本流动对区域经济的影响。本部分基于数据的可靠来源，选取了 2000—2017 年全国 31 个省份的面板数据（人均 GDP、

FDI、直接融资额、城镇失业率）作为样本进行实证分析，建立计量经济模型探究了直接融资资本对各区域经济增长的影响作用。

第七部分主要是根据上述六部分的研究提出政策建议，分别从改善营商环境，弥补区位劣势；统筹区域合作，承接产业转移；建设区域金融中心，补齐金融短板；加强宏观调控，促进区域协调等四个方面为促进资本流动与区域协调发展提出了具体的政策建议。

1.3.2 研究方法

根据研究的主要内容、研究对象和数据特点，本研究主要采用了以下七种研究方法：

（1）文献综述法。本研究主要涉及空间经济学（新地理经济学）、区域经济学、金融学、地理学等，涉及的主要理论有空间经济学理论、区位理论、投融资理论、累积循环因果理论、倒"U"型理论和 GIS（地理信息系统）理论等，在研究的过程中，我们以经典研究为基础，随时查阅新的热点研究方法和研究理论，了解最新的相关研究成果，并参考和借鉴用于本研究。

（2）图表统计法。关于区域资本流动的相关数据是一个比较大的数据库，对区域资本流动数据进行合理地总结归纳是进行深入研究的基础和前提。我们对涉及区域资本和区域经济的相关数据进行了合并整理，并进行了图表统计分析，得出了客观和更加直观的分析结果。

（3）数学建模和实证分析法。我们通过建立数理模型对资本跨区域流动影响区域经济发展的机制进行了分析和论证，并建立面板数据模型通过计量分析法实证分析了银行信贷资本、直接融资资本对区域经济发展的影响。在第四部分通过 QAP（Quadratic Assignment Procedure）模型对影响区域金融资本关联性的决定因素做了实证分析。

（4）空间计量经济分析法。为了探讨区域资本的空间结构和空间效应，我们采用了全局空间自相关指数和局部空间自相关指数等空间计量经济分析方法进行了分析，对区域资本之间的空间自相关、依赖性和异质性进行了实证分析。

（5）GIS（地理信息系统）分析法。为了对区域资本的空间分布进行可视化分析，我们采用地理信息系统（Geographic Information System）分析法和 GIS 分析软件做出了资本形成总额、金融机构各项贷款和外商直接投资等三种资本的空间分布图，对区域资本的空间分布和演变进行了更加直观地查看和分析。

（6）探索性空间数据分析（ESDA）法。探索性空间数据分析是一系列空间数据分析方法和技术的集合，主要以空间关联测度为核心。我们通过 ESDA 分析法对省域资本的空间分布格局进行可视化分析，从而发现区域资本的空间集聚和空间异常，揭示区域资本之间的空间相互作用规律。

（7）社会网络分析法。区域资本之间的关联性很难找到和实证，而关联性是区域资本形成溢出效应的前提，如果发现了区域资本之间的关联性，也就找到了区域资本溢出的方向。我们采用社会网络分析法建立了区域金融资本的空间关联网络，并运用板块功能定位与 CONCOR（Convergent Correlation）方法，把所有的省份作了四个板块的划分，并找到了它们之间的关联关系。

1.4 主要创新点

本研究相对于已有的其他文献，创新点主要体现在以下几个方面：

1.4.1 研究视角的创新

（1）现阶段我国区域资本的流动是处于空间集聚趋势还是处于扩散溢出状态？区域资本流动是否存在经济学中的"拐点"现象？现有文献较少涉及该问题，但这对我国区域经济政策的制定非常重要。本研究从空间经济学的理论视角对我国区域资本流动进行了全域（具体到了省、市、自治区）和全方位地考察，并运用具体的空间计量指标对区域资本的空间聚集和溢出状态进行了计量分析，全面深入地对该问题做了研究和回答。

（2）区域和省域资本之间的空间关联性对研究资本扩散溢出的方向非常重要，因为关联性是形成溢出效应的前提，如果发现了区域资本之间的关联性，也就找到了区域资本溢出的方向。但也少有文献对我国区域资本之间的关联性做出回答，究其原因，一是研究国内区域资本流动的学者比较少，二是难以找到合适的实证方法。本研究采用社会网络分析法建立了区域金融资本的空间关联网络，运用板块功能定位与 CONCOR 方法把所有的省份作了四个板块的划分，找到了它们之间的关联关系。并进一步地通过 QAP(Quadratic Assignment Procedure) 方法，对影响区域金融资本关联性的决定因素做了实证分析，提出了增强区域金融中心资本溢出效应的措施。

1.4.2 研究方法的创新

（1）用 GIS（地理信息系统）空间分析方法对我国资本空间流动进行了深入分析。GIS 空间分析法集成了多学科的最新技术，如关系数据库管理、高效图形算法、区划和网络分析，为空间分析提供了强大的工具。但较少学者把该方法引入区域资本流动领域，本研究比较成功地运用 GIS 分析法对我国区域资本的空间分布进行了可视化分析（见第三部分）。

（2）区域资本之间的依赖性和异质性、空间集聚和空间异常是一个比较难以回答的问题。本研究采用了全局空间自相关指数和局部空间自相关指数等空间计量经济分析方法，对区域资本之间的空间自相关、依赖性和异质性进行了实证分析，并通过 ESDA（探索性空间数据分析）分析法和 Getis-Ord Gi*（热点分析）分析法对省域资本的空间分布格局进行可视化分析，从而发现区域资本的空间集聚和空间异常，揭示了区域资本之间的空间相互作用规律。

2 我国区域资本流动渠道分析

资本是影响经济社会发展的重要因素之一。在不同的行业发展阶段以及各种地区综合因素的背景之下，相同数量的资本投入带来的经济效益往往存在一定差异。因此，资本通常会由于其自身逐利性质而流向能够带来更高的增值价值的范围和区域，形成资本流动。

改革开放以前，我国各区域的资本流动主要是由政府主导，通过财政和国有银行进行资金划拨来统筹区域经济发展。改革开放后，我国政府越来越重视市场在资源配置中的重要地位，充分利用其"看不见的手"的作用，促进各类资源的合理、有效配置，提高资源配置效率。现在，我国各区域间的资本流动逐步形成了以银行金融渠道、资本市场渠道、外商直接投资渠道、民间资本跨区域投资渠道五种市场渠道，以及财政跨区域转移支付政府渠道等多种渠道并存的局面。

据现有的国内外研究成果可以看出，区域间资本流动与区域经济发展联系紧密，是影响区域经济差距的一个重要因素。但国内外学者对我国全域和全方位的资本流动鲜有文献考察。本部分主要基于 1979—2017 年间的统计数据对我国东中西部三大区域间资本流动渠道和总体格局进行统计分析。关于区域的划分，我们根据中华人民共和国国家统计局官方网站对我国各省、直辖市、自治区划分如下：东部地区包括北京市、天津市、河北省、辽宁省、上海市、江苏省、浙江省、福建省、山东省和广东省、海南；中部地区包括山西省、吉林省、黑龙江省、安徽省、江西省、河南省、湖北省和湖南省；西部地区包括内蒙古自治区、广西壮族自治区、重庆市、四川省、贵州省、云南省、西藏自治区、陕西省、甘肃省、青海省、宁夏回族自治区和新疆维吾尔自治区。

在资本流动渠道方面，从官方数据的可得性，我们主要是从银行信贷渠道、资本市场渠道、外商直接投资渠道以及全社会固定资产投资渠道对三大区域的资本流动进行详细对比分析。总之，资本经过各个渠道流动之后，最后均会在最终目的地沉淀和形成投资，所以我们可以通过分析每年各区域的各种资本的变化以及资本形成总额的变化过程来对区域间资本流动的格局进行分析，同时也可以以此来间接推算区域资本流动规模。

2.1 我国区域资本流动分渠道分析

2.1.1 银行信贷渠道

银行资本在我国不同区域之间的分配主要表现在各地区银行存贷款总量的不同分配，其流动形式主要有银行间的同业拆出与拆入、资金的汇出与汇入以及银行各项存贷款的差额。此外，各地区金融机构在货币市场购买企业短期融资券，在资本市场买卖股票债券等行为也会推动区域间金融机构资本的流动。从我国逐步放松资本管制后，银行资金在不同区域之间的流动频率大大提升，银行信贷市场为资本在不同区域、不同主体以及不同部门之间的横向流动起到了较大的推动作用。但是各地区银行之间同业拆借和汇出汇入的资金很难按照区域获得统计数据，所以在这里，我们主要通过对三大区域间以银行类为主的各金融机构的各项存款、贷款的存量及其变动进行研究，来分析金融机构资金或资本的区域流动状况。

表 2.1 1979–2017 年三大区域金融机构各项存款总额与比重

总额单位：亿元；比重：%

年份	东部		中部		西部	
	总额	比重	总额	比重	总额	比重
1979	896	56.18	342	21.44	357	22.38
1980	912	51.31	432	24.31	433	24.39
1981	1154	53.79	498	23.22	493	22.99
1982	1365	54.71	560	22.44	570	22.85
1983	1612	55.33	671	23.01	631	21.66
1984	2113	54.48	925	23.85	841	21.67
1985	2390	55.86	952	22.24	937	21.89
1986	3131	55.91	1238	22.11	1231	21.98
1987	3918	56.33	1527	21.96	1510	21.71
1988	4592	57.10	1774	22.07	1675	20.83
1989	5532	57.35	2124	22.02	1990	20.63
1990	7272	57.16	2861	22.49	2590	20.36
1991	9373	57.42	3640	22.30	3309	20.28
1992	12607	59.09	4534	21.25	4195	19.66
1993	15340	58.68	5633	21.54	5171	19.78
1994	21070	58.95	7505	21.00	7169	20.06
1995	30881	60.83	10373	20.44	9508	18.73
1996	39662	61.17	13281	20.48	11899	18.35
1997	48292	62.81	15440	20.08	13152	17.11
1998	56344	62.89	17889	19.97	15359	17.14
1999	64615	62.83	20642	20.07	17581	17.10
2000	73556	62.50	23851	20.27	20280	17.23
2001	85957	62.70	27623	20.15	23511	17.15
2002	104107	63.60	32378	19.78	27200	16.62
2003	127763	64.27	38502	19.37	32519	16.36
2004	151310	64.61	44779	19.12	38105	16.27

续表

年份	东部		中部		西部	
	总额	比重	总额	比重	总额	比重
2005	180491	64.90	52621	18.92	44995	16.18
2006	209584	64.63	61562	18.98	53144	16.39
2007	240645	64.56	69979	18.77	62135	16.67
2008	287585	63.78	85359	18.93	77925	17.28
2009	355174	62.73	108443	19.15	102578	18.12
2010	451311	63.73	130905	18.49	125918	17.78
2011	504539	63.68	150489	19.00	137220	17.32
2012	569970	62.00	175953	19.14	173390	18.86
2013	639070	61.36	201534	19.35	200833	19.28
2014	694963	61.01	221392	19.44	222715	19.55
2015	839186	62.40	251868	18.73	253769	18.87
2016	925584	61.87	286261	19.14	284103	18.99
2017	922280	59.96	312807	20.34	303027	19.70

资料来源：根据历年国家统计局发布的相关数据计算得到。

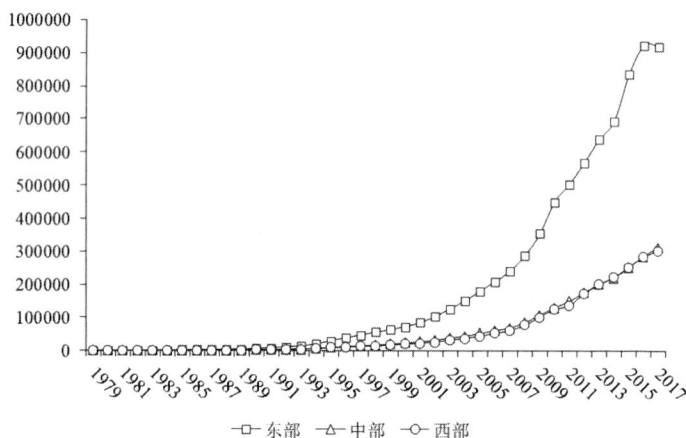

图 2.1　三大区域金融机构各项存款总额分布

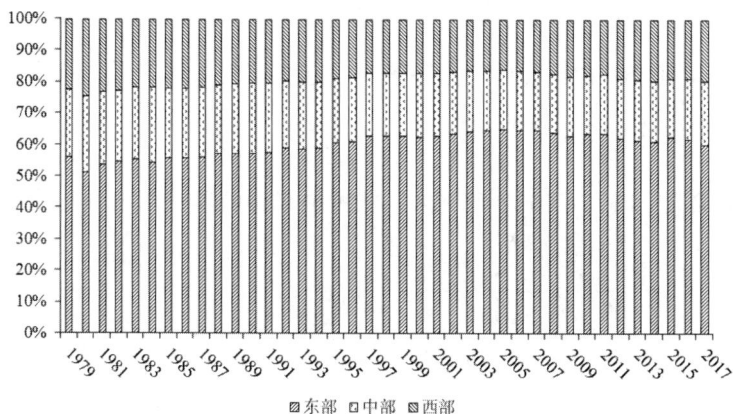

图 2.2　三大区域金融机构各项存款所占比重变化

从上列表 2.1 和图 2.1、图 2.2 可以看出，我国金融机构各项存款在东部、中部、西部三大地区之间的分布很不均衡，东部地区金融机构存款总额明显地比中部和西部多出很多，从 1979 年到 2017 年间其存款占全国存款的比重一直稳稳地维持在 50% 以上，并且一直呈大体上升趋势，金融机构存款余额在地区间分布的差距越来越大，东部地区在 2005 年占的比重最高，达到近三分之二，此后有下降趋势，从 2010 年之后开始逐渐下降。相对应的，我国中西部地区金融机构存款变化情况则正好与之相反。

我国三大地区间金融机构贷款分布整体变化趋势与存款趋势较为相近，从下列表 2.2 和图 2.3、图 2.4 可以看到，东部地区的金融机构贷款余额同样比中西部地区高出很大一部分，特别是从 1994 年起，其贷款总额所占比重一直不断攀升，2010 年比 1994 年增长

了近四分之一，随后逐渐有下降趋势。而中西部从 2010 年开始至
2017 年其贷款占比整体上呈逐渐上升趋势。但整体来看，东中西部
地区贷款分布差距依旧明显。

表 2.2　1979-2017 年三大区域金融机构各项贷款总额与比重

总额单位：亿元；比重：%

年份	东部		中部		西部	
	总额	比重	总额	比重	总额	比重
1979	1032	50.07	606	29.40	423	20.52
1980	1307	52.31	709	28.39	482	19.30
1981	1493	52.08	827	28.84	547	19.08
1982	1659	52.04	927	29.09	602	18.87
1983	1888	52.38	1049	29.09	668	18.53
1984	2535	52.64	1390	28.86	890	18.49
1985	3119	52.48	1687	28.39	1137	19.13
1986	4065	52.30	2163	27.83	1545	19.88
1987	4971	53.32	2491	26.71	1862	19.97
1988	5834	53.38	2909	26.62	2187	20.01
1989	6793	53.28	3352	26.29	2606	20.44
1990	8290	52.11	4371	27.48	3247	20.41
1991	9916	51.63	5275	27.47	4015	20.91
1992	12216	52.01	6312	26.87	4961	21.12
1993	15118	51.85	7831	26.86	6208	21.29
1994	18638	51.61	9579	26.52	7899	21.87
1995	25292	53.54	11951	25.30	10001	21.17

续表

年份	东部		中部		西部	
	总额	比重	总额	比重	总额	比重
1996	30614	53.39	14680	25.60	12047	21.01
1997	37447	54.88	17408	25.51	13379	19.61
1998	43115	55.44	19762	25.41	14893	19.15
1999	48871	56.16	21395	24.59	16751	19.25
2000	54339	57.51	22628	23.95	17521	18.54
2001	62014	58.58	24542	23.18	19314	18.24
2002	74907	60.03	27751	22.24	22127	17.73
2003	93542	61.61	31962	21.05	26317	17.33
2004	107014	62.35	34972	20.38	29641	17.27
2005	119030	63.51	36146	19.29	32230	17.20
2006	138223	62.83	44347	20.16	37420	17.01
2007	161052	63.12	50409	19.76	43679	17.12
2008	185913	64.09	52645	18.15	51505	17.76
2009	249547	63.73	71013	18.14	70999	18.13
2010	313512	64.37	85315	17.52	88238	18.12
2011	355907	63.59	99080	17.70	104733	18.71
2012	396519	62.50	114255	18.01	123645	19.49
2013	446339	61.75	131593	18.21	144868	20.04
2014	502110	60.86	152841	18.53	170023	20.61
2015	557969	53.34	177224	16.94	310944	29.72
2016	623870	59.54	205245	19.59	218680	20.87
2017	649710	57.63	231257	20.51	246359	21.85

资料来源：根据历年国家统计局发布的相关数据计算得到。

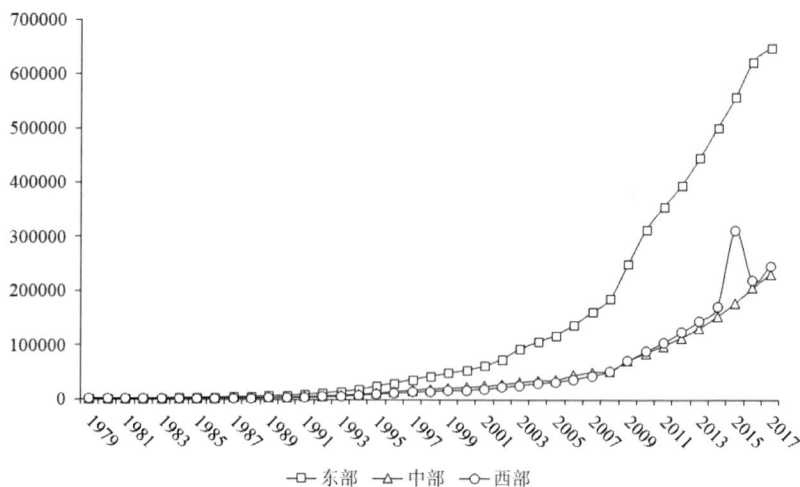

图 2.3　三大区域金融机构各项贷款总额分布

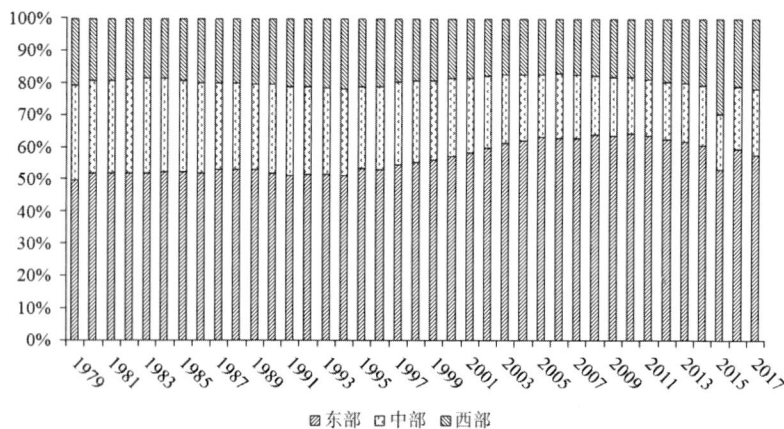

图 2.4　三大区域金融机构各项贷款所占比重变化

从存贷款总额来看，我国金融机构存贷款区域间的差异性在很大程度上反映了我国东中西部三大区域之间的经济发展水平差异。

东部地区经济发展迅速，而中西部地区发展相对缓慢，银行信贷资本流入报酬率更高的东部地区。

而且，在我国确立社会主义市场经济体制后，市场力量越来越处于主导地位，在交通基础设施、经济发展环境等方面东部地区都优于中西部地区的情况下，东部地区的高收益率以及较低的风险自然能够吸引更多的信贷资本，从而进一步推动其经济发展，而区域间的差距也进一步随之扩大。但是在政府的高度重视以及一系列政策方针作用下，从 2010 年以后，中西部地区的金融机构信贷资本无论从存款总额还是从贷款总额来看，其所占比重都逐渐上升，说明我国资本流动开始有从东部地区向中西部地区扩散和溢出的趋势。

2.1.2 资本市场渠道

资本市场是国民经济发展的一个重要推动部分，可以为资金需要者提供更多的直接融资渠道，也为资金盈余者带来了更多的投资途径。证券市场主要分为两级，分别为证券发行市场和流通市场。1990 年上海证券交易所成立之后，我国证券市场发展迅速，随着发行市场和二级市场上资本流动的加速，越来越多的企业运用资本市场进行融资，越来越多的个人和企业投资者参与到证券买卖中来。而这其中最为突出的莫过于股票市场融资，所以在这里我们主要选择资本市场直接融资中较有代表性的股票市场直接融资（IPO）进行分析，我们主要分析从 1996 年开始到 2017 年东中西部三大区域的股票市场 IPO 情况。

表 2.3　1996–2017 年三大区域股票 IPO 总额与比重

总额单位：亿元；比重：%

年份	东部		中部		西部	
	总额	比重	总额	比重	总额	比重
1996	147.38	58.69	66.33	26.42	37.39	14.89
1997	445.52	63.64	167.16	23.88	87.36	12.48
1998	226.23	53.96	136.06	32.45	56.98	13.59
1999	308.58	61.85	122.53	24.56	67.83	13.59
2000	529.47	62.54	219.05	25.87	98.06	11.58
2001	370.5	65.79	117.06	20.79	75.62	13.43
2002	419.06	78.45	85.34	15.98	29.78	5.57
2003	291.48	64.29	66.61	14.69	95.31	21.02
2004	223.05	63.16	86.86	24.60	43.25	12.25
2005	46.63	80.90	8.02	13.91	2.99	5.19
2006	1395.34	84.95	231.79	14.11	15.43	0.94
2007	4269.69	95.52	84.47	1.89	115.81	2.59
2008	883.05	84.90	32.43	3.12	124.57	11.98
2009	1883.53	93.15	81.58	4.03	56.86	2.81
2010	3867.08	79.10	559.25	11.44	462.76	9.47
2011	2183.88	80.29	424.07	15.59	112.07	4.12
2012	758.88	75.74	136.04	13.58	107.07	10.69

年份	东部		中部		西部	
	总额	比重	总额	比重	总额	比重
2013[1]	365.11	100.00	0	0.00	0	0.00
2014	522.62	78.13	59.48	8.89	86.79	12.98
2015	1303.47	82.59	172.82	10.95	102	6.46
2016	1298.78	79.51	158.2	9.68	176.58	10.81
2017	1876.72	85.85	157.17	7.19	152.2	6.96

资料来源：东方财富 Choice 数据。

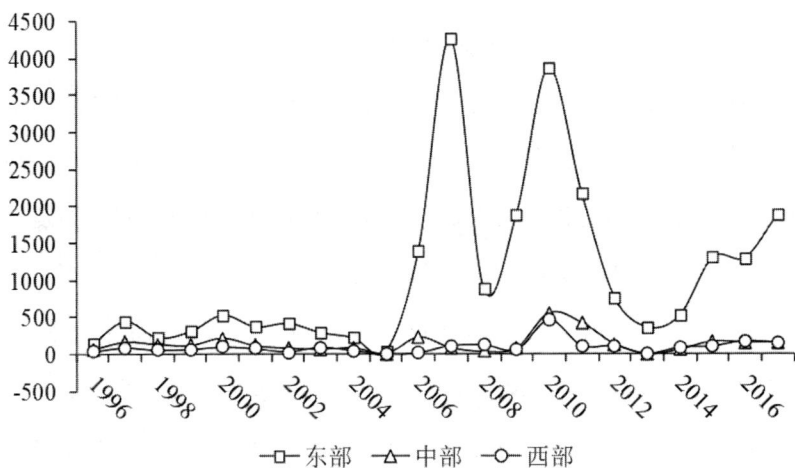

图 2.5 三大区域股票 IPO 分布

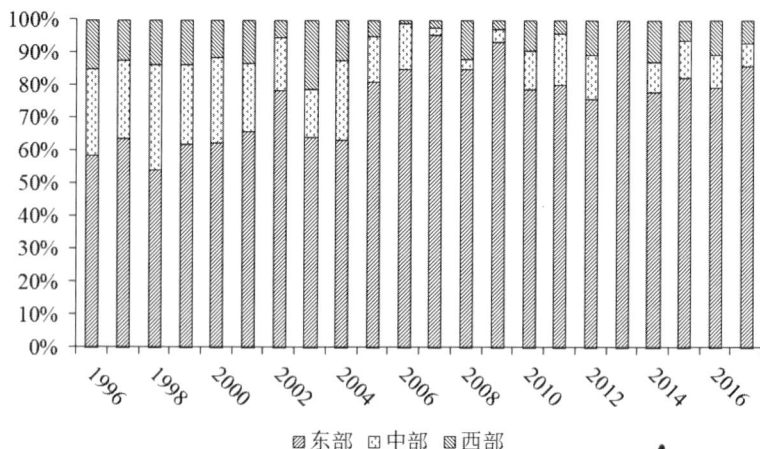

图 2.6　三大区域股票 IPO 所占比重变化

我们可以发现，各区域股票市场直接融资总额在不同时期的变动幅度比较大（详见表 2.3 和图 2.5、图 2.6），其中，在 2007 年和 2010 年变化尤为明显，这主要与证券监管部门试图以控制证券发行市场节奏来影响二级市场的股票走势有关。

社会中的直接融资资本通过证券市场在全国范围进行重新分配，分别流向不同的区域和地区，但这些资本在区域间的分配十分不均匀：从 1996 开始，我国东部地区股票 IPO 占比就一直稳居在 50% 以上，其中很大部分年份比重都超过 60%，甚至 80%；而中部和西部地区股票 IPO 比重则一直在较低水平浮动。从上述数据可以明显地可以看出，东中西部地区的股票一级市场融资存在很大差距，资本市场上的社会资本更多地流向了较为发达的东部地区，进一步促进了东部地区的企业和经济发展，而导致东部与中西部的经济差距又一步拉大。

2.1.3 外商直接投资渠道

在如今经济全球化的时代，外商直接投资作为进一步深化国际化生产和分工的重要方式之一，能够有效地促进东道国各地区的经济发展，带动资本、劳动力等经济要素在各国以及在东道国各区域之间的流动。

自 1979 年以来，随着开放程度的不断加深以及政策支持的不断扩大，历经多年，外商直接投资在我国得到了很大的发展，我国在利用外商投资推动经济发展方面取得了显著效果。国外资本的持续流入不仅仅为我国缺乏投资、资本不足的问题提供了很大的帮助，而且随之一同流入的还有先进的管理技术和科学经验，这对于外资流入地的地区产业结构的改善以及整体创新水平的提高具有很大的积极作用。显然，FDI 对我国区域经济的发展有着不容忽视的作用，加之外商直接投资可以带来正的外溢效应，外商在我国不同地区直接投资的分布情况与规模大小影响着我国资本在区域间的整体流动格局以及经济发展格局。

由于在改革开放初期我国针对外商投资的相关法律体系尚不健全，基础设施和经验技术等方面均存在不足，外商投资在我国发展十分缓慢，各个区域的 FDI 吸收数量很少。一直到 1984 年，我国进一步放开外商投资有关政策，开辟了多处经济特区，使得我国外资投资增长速度逐步提高，外商投资额持续增长。但如今从整体来看，1978 年到 1991 年这段时间几乎都属于外商直接投资在我国的起步阶段，其在我国真正迅速发展起来要到 1992 年邓小平同志南方谈话以后，另外由于官方数据获得的局限性，在这里我们主要分析 1989—2017 年间我国东中西部三大区域之间的外商直接投资状况。

表 2.4　1989–2017 年三大区域外商直接投资总额与比重

总额单位：亿美元；比重：%

年份	东部		中部		西部	
	总额	比重	总额	比重	总额	比重
1989	239.65	93.45	6.35	2.48	10.45	4.08
1990	272.71	94.70	6.99	2.43	8.28	2.88
1991	375.50	95.88	8.02	2.05	8.11	2.07
1992	1005.42	93.21	33.20	3.08	40.10	3.72
1993	2144.39	89.88	98.28	4.12	143.06	6.00
1994	2347.80	89.50	101.17	3.86	174.21	6.64
1995	3023.45	88.45	242.49	7.09	152.51	4.46
1996	3241.78	91.46	152.98	4.32	149.62	4.22
1997	3384.83	89.45	204.21	5.40	194.92	5.15
1998	3344.27	89.81	194.19	5.22	185.23	4.97

年份	东部		中部		西部	
	总额	比重	总额	比重	总额	比重
1999	3269.97	90.08	241.49	6.65	118.59	3.27
2000	3369.30	88.31	327.29	8.58	118.57	3.11
2001	3831.48	88.83	368.27	8.54	113.54	2.63
2002	4648.97	88.01	491.27	9.30	142.35	2.69
2003	6130.74	88.88	614.89	8.91	152.01	2.20
2004	5300.91	92.28	347.04	6.04	96.13	1.67
2005	5563.80	91.04	449.49	7.35	98.20	1.61
2006	6760.03	91.14	539.99	7.28	117.29	1.58
2007	8197.93	90.90	637.41	7.07	183.06	2.03
2008	9094.56	89.07	760.88	7.45	355.16	3.48
2009	9513.89	87.84	862.14	7.96	454.49	4.20
2010	11808.78	89.15	1028.53	7.76	408.99	3.09
2011	13358.73	82.06	2229.12	13.69	690.98	4.24
2012	15050.85	68.80	4857.91	22.21	1968.39	9.00
2013	15678.45	66.73	5652.47	24.06	2163.42	9.21
2014	15158.70	68.37	6195.32	27.94	818.35	3.69
2015	15805.28	62.31	7013.94	27.65	2546.99	10.04
2016	14461.71	57.19	7560.86	29.90	3265.51	12.91
2017	16045.37	52.63	7758.36	25.45	6684.22	21.92

资料来源：根据历年国家统计局发布的相关数据计算得到。

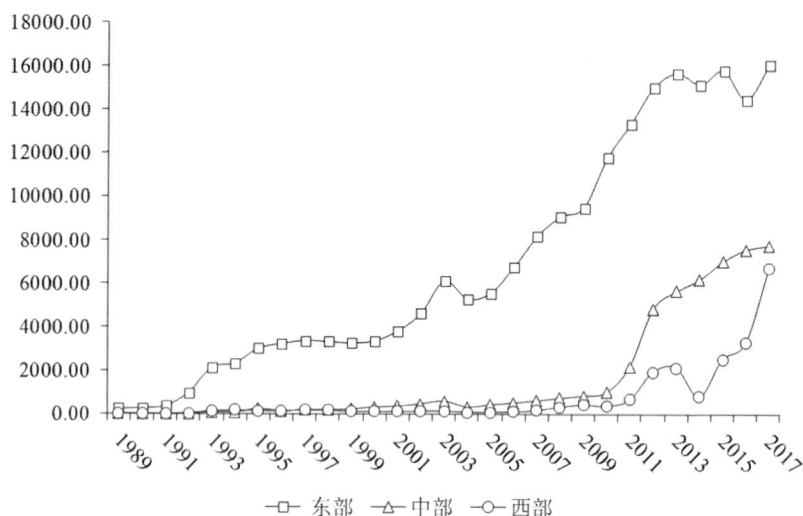

图 2.7　三大区域外商直接投资总额分布

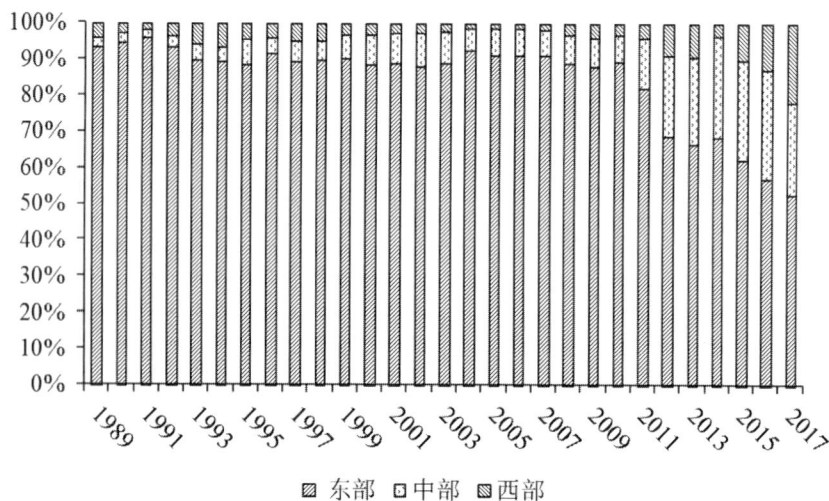

图 2.8　三大区域外商直接投资总额所占比重变化

由上列表 2.4 和图 2.7、图 2.8 我们可以发现，从 1992 年开始，我国各区域外商直接投资总额存在明显的大幅度上升，其中东部地区变化尤为明显。这无疑与邓小平同志在 1992 年南方谈话中给外国投资者喂下的"定心丸"有重大关系，政府进一步发布了一系列开放政策和优惠政策的相关文件，提供给了外商投资者一个更为健全完善的投资平台，各跨国公司开始对我国进行更加系统化、规模化的投资。此时，东部沿海地区大力吸收外资，经济迅速发展，FDI 总额明显提高。

从外商直接投资总额在东中西三大区域占比可以看出，一直以来东部地区都是外商的主要投资地区，FDI 在我国区域间分布很不均衡。1992 年东部地区 FDI 总额高达 90% 多，1993 年以后，随着内陆各省会及沿江城市的陆续开放和各项优惠政策的支持，中部地区比重稍有提高，东西部地区比重略有下降；2000 年，我国提出西部大开发战略后，积极鼓励外商投资者向西部进行资本投资，到 2006 年以后政策效应得到显现，西部地区 FDI 的占比才逐渐提高。2006 年，国家提出《中共中央国务院关于促进中部地区崛起的若干意见》后，中部地区 FDI 的占比从 2007 年开始逐渐提高。此外，结合图、表、数据和经济背景，我们发现，2008 年的金融危机是外商投资在我国投资趋势发生转变的一个拐点，东部地区 FDI 所占比重明显降低，从 2008 年的 89.07% 下降到了 2017 年的 52.63%，而中西部地区 FDI 所占比重整体呈上升趋势。

2.1.4 固定资产投资渠道

固定资产投资即全社会固定资产投资，其投资主体主要为国家、企业以及个人消费者，是以货币表现的购置和建造固定资产活动的工作量，包括基本建设投资、房地产开发投资、更新改造投资、国有其他固定资产投资、城乡集体固定资产投资、城镇、工矿区和农村个人的私人建房投资、城镇私营和个体的投资。

表 2.5　1979—2017 年三大区域固定资产投资总额与比重

总额单位：亿元；比重：%

年份	东部		中部		西部	
	总额	比重	总额	比重	总额	比重
1979	318	49.86	172	27.07	147	23.07
1980	391	49.80	216	27.45	179	22.75
1981	491	54.11	240	26.50	176	19.39
1982	612	52.82	326	28.14	221	19.04
1983	685	51.46	394	29.56	253	18.98
1984	872	50.70	518	30.10	330	19.20
1985	1275	51.55	704	28.45	495	20.00
1986	1523	53.32	797	27.88	537	18.79
1987	1891	55.02	916	26.67	629	18.31
1988	2376	56.49	1082	25.72	748	17.79
1989	2168	56.21	960	24.88	729	18.90
1990	2345	55.90	1048	24.98	802	19.12
1991	2927	56.19	1263	24.25	1018	19.55
1992	4477	59.07	1701	22.45	1400	18.48
1993	7456	61.46	2494	20.56	2182	17.98
1994	10031	62.55	3278	20.44	2728	17.01

续表

年份	东部		中部		西部	
	总额	比重	总额	比重	总额	比重
1995	12226	62.58	4097	20.97	3214	16.45
1996	13757	61.47	4933	22.04	3692	16.49
1997	14915	60.56	5454	22.14	4261	17.30
1998	16740	59.24	6273	22.20	5246	18.56
1999	17604	58.70	6695	22.32	5692	18.98
2000	19206	58.05	7450	22.52	6430	19.44
2001	21358	57.49	8376	22.55	7417	19.96
2002	24847	57.46	9631	22.27	8760	20.26
2003	32727	58.77	11885	21.34	11077	19.89
2004	41890	58.96	15285	21.51	13872	19.52
2005	52197	58.00	19861	22.07	17931	19.93
2006	60812	55.52	26313	24.02	22414	20.46
2007	72787	53.25	35029	25.63	28863	21.12
2008	87963	51.33	46384	27.07	37020	21.60
2009	108753	48.73	62749	28.12	51675	23.15
2010	132504	48.09	78577	28.52	64478	23.40
2011	149077	47.81	86118	27.62	76631	24.57
2012	173759	47.14	105821	28.71	89009	24.15
2013	204205	46.34	127173	28.86	109261	24.80
2014	231143	45.70	145418	28.75	129191	25.54
2015	250025	44.93	166006	29.83	140417	25.23
2016	259615	43.19	184277	30.66	157195	26.15
2017	275588	43.33	190715	29.99	169715	26.68

资料来源：根据历年国家统计局发布的相关数据计算得到。

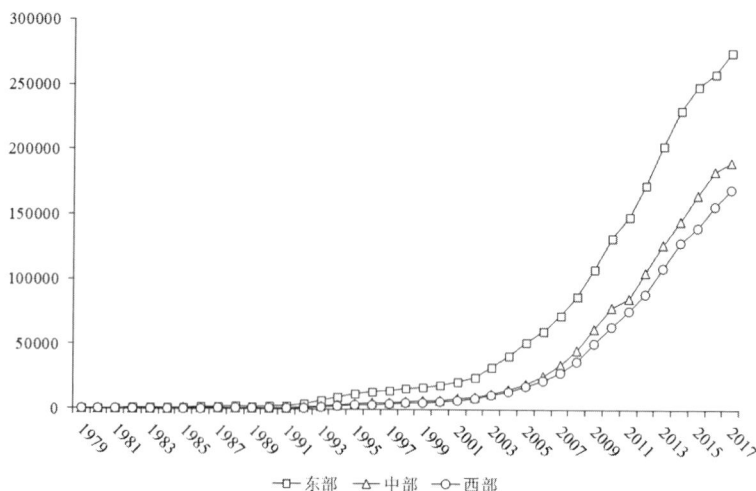

图 2.9　三大区域固定资产投资总额分布

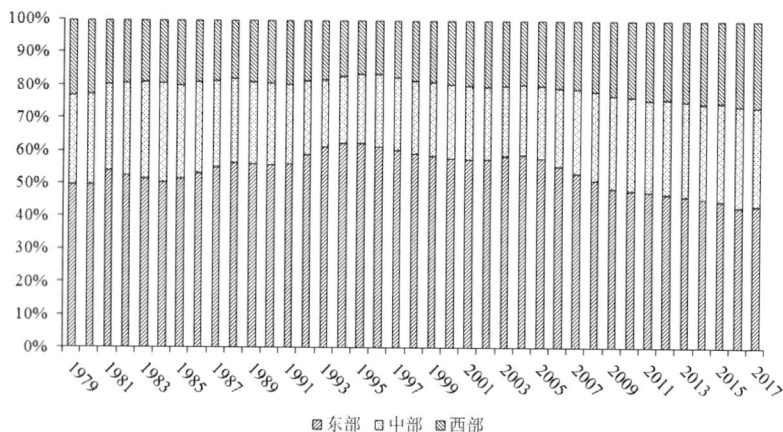

图 2.10　三大区域固定资产投资总额所占比重变化

　　从上述表 2.5 和图 2.9、图 2.10 可以看出，改革开放以来，我国东中西三大区域固定资产投资总额的绝对值一直处于稳步增长的过程中，从 1979 年到 2017 年，东部地区固定资产投资总额增加了 860 多倍，年均增长约 26.3%；中部地区增长了近 1100 多倍，年均增长约 27.3%；而西部地区增长了 1150 多倍，年均增长约 27.5%，增长速度最快。

再从东中西部三大区域固定资产投资占全国的比重来看，由于改革开放初期国家政策向东部地区大力倾斜，政府推出的优惠政策为东部地区的基础设施建设和更新改造等方面提供资金上的大力支持，加之东部地区的自身优势，不断吸引着全社会的资本流入，东部地区经济迅速发展；而中西部地区本身经济基础薄弱，地理位置上又不占优势，在收益性方面对投资的吸引力就与东部地区相差甚远。在 2009 年以前，东部地区固定资产投资比重一直维持在一半以上，比中部和西部两个地区加起来还要多，而且在 1979 年到 1995 年期间，一直呈增长状态，而中西部地区占比则呈下降状态，一直到"九五"时期（1995—2000 年）区域协调发展战略的提出，国家加大对中部和西部地区产业和基础设施投资，出台扶助性政策，中部和西部地区的固定资产投资占全国的比重才逐步提高，与东部地区的差距得到一定程度的缩小。

2.2 我国区域间资本流动总体格局

资本在区域之间经过不同渠道流动之后，最终都会在目的地形成投资，所以我们通过分析东中西部三大区域资本形成总额的变动情况来分析我国区域间资本流动的总体变动格局。

资本形成总额是资本总量指标，指一个国家或地区在一定时期（一般是一年）内所获得的固定资产和存货的总价值，再减去所处置的固定资产和存货的价值后的余额即为资本形成总额。

表 2.6　1979-2017 年三大区域资本形成总额与比重

总额单位：亿元；比重：%

年份	东部		中部		西部	
	总额	比重	总额	比重	总额	比重
1979	493	44.49	318	28.73	297	26.78
1980	547	47.31	323	27.99	286	24.70
1981	548	46.81	345	29.43	278	23.76
1982	693	47.83	425	29.34	331	22.83
1983	764	46.12	527	31.77	366	22.11
1984	1003	46.99	667	31.25	464	21.76
1985	1505	49.40	910	29.87	632	20.73
1986	1670	49.37	1024	30.26	689	20.37
1987	1912	49.00	1200	30.77	789	20.23
1988	2587	50.36	1517	29.52	1033	20.11
1989	2896	51.39	1584	28.11	1156	20.51
1990	3191	51.16	1785	28.62	1261	20.22

年份	东部		中部		西部	
	总额	比重	总额	比重	总额	比重
1991	3758	52.22	1934	26.87	1504	20.90
1992	5081	53.44	2467	25.95	1959	20.61
1993	7306	54.27	3310	24.58	2847	21.14
1994	9894	55.89	4283	24.19	3527	19.92
1995	12850	56.48	5674	24.94	4228	18.58
1996	15379	56.99	6811	25.24	4797	17.78
1997	17448	57.05	7729	25.27	5409	17.68
1998	19077	56.38	8658	25.59	6103	18.04
1999	20147	57.03	8884	25.15	6293	17.81
2000	22052	57.18	9442	24.48	7070	18.33
2001	23938	56.35	10255	24.14	8291	19.52
2002	26099	55.65	11399	24.31	9400	20.04
2003	30969	55.53	12961	23.24	11841	21.23
2004	38607	54.91	17033	24.22	14673	20.87
2005	50926	56.43	20895	23.15	18420	20.41
2006	59255	55.05	26101	24.25	22280	20.70
2007	70554	53.71	33159	25.24	27647	21.05
2008	83724	56.28	43104	28.98	21927	14.74
2009	105131	52.52	51995	25.97	43064	21.51
2010	125863	51.60	63460	26.01	54619	22.39
2011	148140	50.61	77167	26.36	67416	23.03
2012	162126	49.17	87977	26.68	79609	24.14
2013	178486	48.74	98465	26.89	89244	24.37
2014	190877	48.55	106196	27.01	96095	24.44
2015	191899	47.46	110862	27.42	101593	25.12
2016	203310	47.61	115873	27.14	107806	25.25
2017	220330	48.80	120105	26.60	111060	24.60

资料来源：根据历年国家统计局发布的相关数据计算得到。

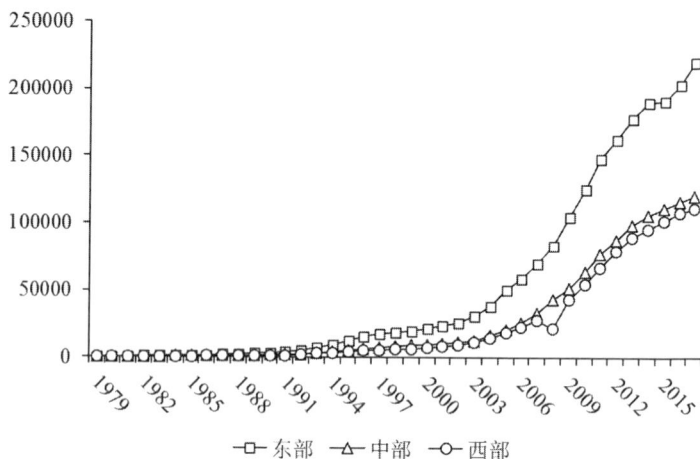

图 2.11 三大区域资本形成总额分布

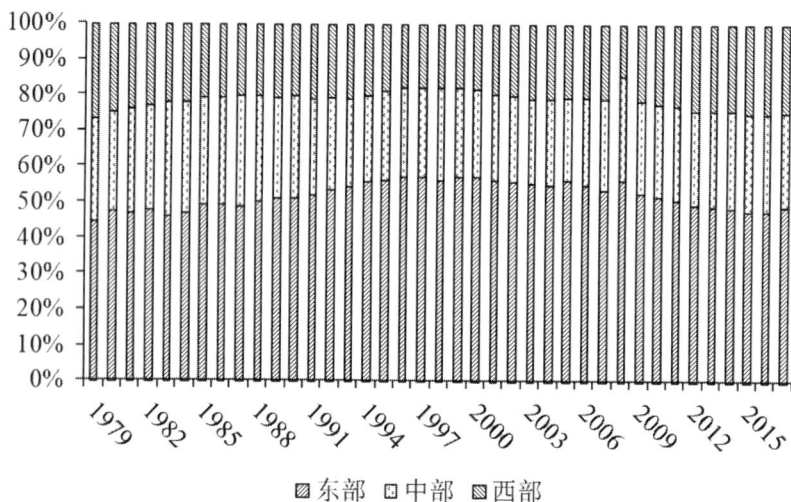

图 2.12 三大区域资本形成总额所占比重变化

从上述东中西部资本形成总额的数据表 2.6 和图 2.11、图 2.12

来看，1979 年至 2017 年各区域资本形成总额均有很大幅度的提高，且呈逐年增长的趋势。2017 年东部地区资本形成总额与 1979 年相比，增长了近 447 倍，年均增长大约 23.42%，同期中部地区增长了近 377 倍，年均增长大约 22.71%，而西部地区增长了近 374 倍，年均增长大约 22.66%，其中东部地区增长速度最快。

整体来看，东部地区资本形成总额占全国的比重一直居于榜首，中部地区比重基本在 20% 到 30% 之间浮动，而西部地区比重则在 20% 上下波动。在 1979—2008 年期间，东部地区的占比一直呈现上升状态，到 2000 年达到最高，占全国总量 57.18%，这个局面一直到 2008 年以后得到改观，东部地区的资本形成总额占全国的比重出现下降趋势，中西部的占比出现上升，三大区域间的差距得到少许缓和。

2.3 小结

通过上述对我国资本流动的分渠道分析以及区域间资本流动总体格局的分析，我们可以得出以下结论：

（1）从改革开放后很长一段时间，我国区域间资本分布很不均衡，东部地区占据了极大比重，而中西部占比较少。资本作为生产中的关键要素，这直接影响到了区域间经济发展的不均衡。导致这种情况的首要因素还是与东部地区投资回报率高，风险相对较小的投资环境有关，资本本身带有明显的利益驱使性，由市场主导的资本流动更多地流向了东部地区，呈现明显的集聚效应，一直到 2008 年左右才有所改观。

（2）改革开放初期，在当时的经济环境下，由于东部地区先天的自然地理优势，政府推行东部率先发展，随后带动中西部发展的战略方针，给予了东部地区极好的优惠政策，提供了大量的资金支持，政府主导的资本（中央财政给地方的转移支付和部分国有银行信贷资金）当时也主要流向了东部沿海地区；而在"九五"时期（第九个五年计划即 1995—2000 时期）区域协调发展战略提出之后，政府主导的资本向中西部地区有所转移，中西部地区的投资环境开始逐渐得到改善。

（3）随着国家西部大开发战略、中部崛起和"一带一路"倡议的实施，内陆各省会及沿江城市的陆续开放，中部和西部地区在硬件上的基础设施环境以及政策软环境上都得到了很大的改善，我国资本开始向中西部流动。从统计数据看，2008 年可能是"拐点"，资本出现了从东部向中西部地区流动的迹象，我国东部地区的资本开始出现溢出和扩散效应，这个迹象从三大区域的金融机构各项存款和贷款占比（2010 年以后显现）、外商直接投资占比（2008 年以后显现）、资本形成总额占比（2008 年以后显现）等三个由市场力量驱动的资本流动的关键指标可以看出来。

（4）在我国现阶段资源有限而且又存在地区利益冲突的情况下，光靠市场自身的调节来缩小区域差距是十分困难的，这时则需要充分发挥政府的宏观调控作用，合理引导资本流动。在我国提出区域协调发展理论后，政府加大了对中西部地区的投资力度，采取了一系列政策倾斜以鼓励社会资本向中西部地区流动等等，近年来区域差距稍有缓和，但在区域间绝对差距的巨大"鸿沟"面前，整体效果其实并不明显，说明在推动区域协调发展方面还有很长的路要走。

3 我国区域资本流动的时空演变特征分析 [①]

3.1 问题的提出

资本是经济增长的重要源动力，其在各地区间的配置与流动是影响经济增长水平，从而影响地区经济差距的重要因素 [60]，历年来备受学者的关注和重视。国外学者比较重视资本与经济相关的理论，如以亚当·斯密、大卫·李嘉图等为代表的古典经济学派，认为投资和积累过程是经济增长的核心，提出资本积累论 [72][73]；以马克思为主的《资本论》强调资本或积累的增加，是扩大再生产的基本源泉 [74]；哈罗德 - 多马模型是资本决定论的典型代表，提倡古典经济增长理论 [75]；刘易斯、纳克斯等学者先后在其经济理论中强调了投资对经济增长的作用 [76][77]；以罗默、格罗斯曼为代表的新经济增长

① 该部分的主体内容已发表：中国区域资本时空演变特征及其对经济增长影响差异分析. 经济地理，2017（11）.

理论，强调知识或技术创新的内生增长，提出了一系列模型，如罗默模型、卢卡斯模型、巴罗模型、雷贝洛模型等，解释了经济长期增长的源泉[78][79][80]。国内学者对资本形成（流动）与经济增长方面的研究主要集中于以下几个方面：一是资本形成方式，如资金配置及作用机制、中国资本形成模式的转变、资本形成方式与经济增长路径等[81][82]；二是资本形成机制，如资本形成由储蓄向投资转化、资本配置使用效率、货币供给作用、资本形成机制差异等[83][84]；三是资本形成效率，吕冰洋等学者认为，中国总体资本积累具有动态效率，高投入式增长未必是粗放式增长[85]；四是资本形成的区域或行业配置，学者多从比较优势角度来分析资本利用效率低下的原因、资本流动方向、资本配置效率的差异等[86][87]；五是金融发展与经济增长的因果关系、内在机制、空间溢出效应等[64][65]；六是资本流动特点、成因、风险、对策及与经济增长关系等方面[22][88]；七是FDI的挤出（入）效应[23]；八是资本形成与经济增长的关系[89][90]。

国内外学者对资本形成（流动）与经济增长的研究取得了一定成果，国外学者的研究对象多为发达国家，与我国现实情况大有不同，国内学者多侧重投资总量、投资效率、资本配置与经济增长、金融发展与经济增长等问题研究。而区域资本流动及积累，加速了区域经济发展的不平衡，我国东中西部区域资本规模、经济水平和市场化程度具有明显的梯度特征。现有研究忽视了我国区域资本形成的变化历程、空间分布特征及其对经济增长的影响机制等方面。

因此，本部分根据 1979—2017 年截面数据和时间序列数据，探讨区域间资本的空间分布、收敛和集聚特征，这对于揭示我国区域资本的流动特征和空间集聚规律，进一步了解不同资本对经济增长的作用方式和作用程度，解析区域资本流动不均衡的原因并为缩小区域差距提供参考具有重要意义。

3.2 研究设计

3.2.1 指标及数据来源

随着市场体制的建立，我国的区域资本流动的主体由国家财政和国有银行扩大到其他金融机构、居民和企业以及国外投资商。为深入了解我国各区域资本流动的演变格局和资本结构的变化特征，分别从资本总额和资本内部结构的角度对我国区域资本流动的状况进行分析。考虑到资本通过各种渠道进行区域流动后都会在最终目的地形成投资，故资本总额通过资本形成额来进行考察。而最能反映区域资本根据市场规律流动的资本则是银行信贷资金和 FDI 的变化。受到数据可得性的限制，我们以银行类为主体的金融机构（国家银行、其他银行、信用社、信托投资公司、租赁公司和财务公司）的贷款存量来分析区域间银行资金的流动。此外，外商对我国各区域的直接投资（FDI）对我国的区域经济发展起着不可小视的作用。它不仅弥补了地区建设资金的不足，还给地区带来了先进的科技水平和管理经验，外溢性很强，影响着我国的经济发展格局。为全面反映变化轨迹，本部分的时间段从 1979 年至 2017 年，但 FDI 数据在 2000 年以前缺失较多，研究时间段为 2000—2017 年。样本数据来自 2001—2015 年《中国金融年鉴》《中国财政年鉴》《中国统计年鉴》以及各省（市、自治区）统计年鉴及公报。

3.2.2 区域资本时空演变的研究方法

3.2.2.1 收敛性检验

Barro 等（1992）[91]认为在不考虑各国个体经济特征的前提下，经济增长率与各国经济偏离其均衡状态的程度呈正相关关系，简单地说，就是经济落后国家较经济发达国家而言，有着更高的人均经济增长率。为反映资本流动的动态变化趋势，我们借鉴 Barro 的思想建立起 β 收敛检验模型，如下：

$$r_{i,t+1} = \alpha - b\log(y_{i,t}) + \mu_{i,t} \quad (3.1)$$

其中 $r_{i,t+1}$ 为第 i 个省份资本的年平均增长率，y_{it} 表示第 i 个省份在第 t 年的资本额。$b = (1 - e^{-\beta T}) / T$ 为回归系数，β 为收敛系数，代表了资本的收敛速度，若 $\beta > 0$ 说明各地区资本水平趋向收敛，β 值越高说明收敛的速度越快，$\beta < 0$ 说明资本水平趋于发散，不存在绝对 β 收敛。

3.2.2.2 全局空间自相关指数

为反映出资本的空间异质性和空间依赖性，利用空间自相关指数 Moran' I 对各地区资本之间的空间自相关进行检验[92]，其计算公式如下所示：

$$Moran' I = \frac{\sum_{i=1}^{n}\sum_{j=1}^{n} W_{ij}(y_i - \bar{y})(y_j - \bar{y})}{S^2 \sum_{i=1}^{n}\sum_{j=1}^{n} y_{ij}} \quad (3.2)$$

$$S^2 = \frac{1}{n}\sum_{i=1}^{n}(y_i - \bar{y}); \ \bar{y} = \frac{1}{n}\sum_{i=1}^{n} y_i \quad (3.3)$$

其中，y_i 表示第 i 省份的资本水平，n 为地区总数，W_{ij} 为空间权值矩阵。Moran' I 的取值范围为 1 与 -1 之间，若取值为正，则表明各地区间的资本正相关，存在资本的空间集聚。反之，为负相关。用（$W_{30 \times 30}$）矩阵来表达我国 30 个省份的空间邻近。根据一阶邻接标准，当省份 i 和省份 j 直接相邻时，空间权重矩阵的元素 { $W_{30 \times 30}$ } 为 1，否则为 0。根据惯例，所有对角线元素 { $W_{30 \times 30}$ }

设为 0。

3.2.2.3 局部空间自相关指数

因 Moran'I 统计量有一定的局限性，不能观察局部空间自相关性的特征，为进一步分析我国各地区资本的空间集聚特征，利用局域 Moran'I 指数散点图对其进行描述。其中第 1 象限为高值集聚的正局域相关，表示高资本的地区被高资本的其他地区所包围（HH）；第 2 象限为负局域空间自相关，表示低资本的地区被高资本的其他地区所包围(LH)；第 3 象限为低值集聚的正局域相关，表示低资本的地区被低资本的其他地区所包围(LL)；第 4 象限同为负局域空间自相关，表示高资本的地区被低资本的其他地区所包围(HL)。第 1、3 象限为典型的空间集聚，而第 2、4 象限被称为空间离群，揭示了区域的异质性。

3.2.2.4 Getis-Ord Gi*（热点分析）指数

Getis-Ord Gi*[93] 用于识别不同空间位置上的高值簇与低值簇，即识别热点区与冷点区的空间分布，识别具有统计显著性的热点和冷点。

$$G_i^*(d) = \sum_{j=1}^{n} W_j(d) X_j / \sum_{j=1}^{n} X_j \quad （3.4）$$

为了便于解释与比较，对 Gi*(d) 进行标准化处理：

$$Z(G_i^*) = \frac{G_i^* - E(G_i^*)}{\sqrt{Var(G_i^*)}} \quad （3.5）$$

式中：$W_{ij}(d)$ 为空间权重矩阵，空间相邻为 1，不相邻为 0，$E(G_i^*)$ 和 $Var(G_i^*)$ 分别是 G_i^* 的数学期望和变异系数，如果 $Z(G_i^*)$ 为正，且显著，表明位置 i 周围的值相对较高（高于均值），属于高值空间集聚（热点区）；反之，如果 $Z(G_i^*)$ 为负，且显著，则表明位置 i 周围的值相对较低（低于均值），属于低值空间集聚（冷点区）。

3.3 我国区域资本时空演变的特征分析

3.3.1 时序特征分析

我国各种资本区域流动的时序分析在第二部分已经详细做过，在这里略做分析。

3.3.1.1 区域资本总规模

我们用资本形成总额来表示区域资本总规模，发现东部地区占全国总额均超过 50%，中部地区的占比在 20%—30%，西部地区的占比约20%，1995年之后，西部地区的资本形成额比重呈缓慢上升趋势，而东部地区的比重基本上保持稳定但近几年有下降趋势。1991—1995年，从改革开放一直到"八五"期间，我国投资一直是以向东部地区为主，包括国家政策也在向东部地区倾斜，特别是"七五"期间，国家按照东中西的先后发展战略，国家投资对东部地区的倾斜尤其严重。但从1995年开始，在中央政策的引导下，国家加大了对中西部地区的基础设施和产业的投资，加上扶贫性贷款以及其他政策扶植，这种局面有所改变，投资向西部地区有所转移，缓和了东部区域与中西部区域间资本流动的差距（图3.1）。

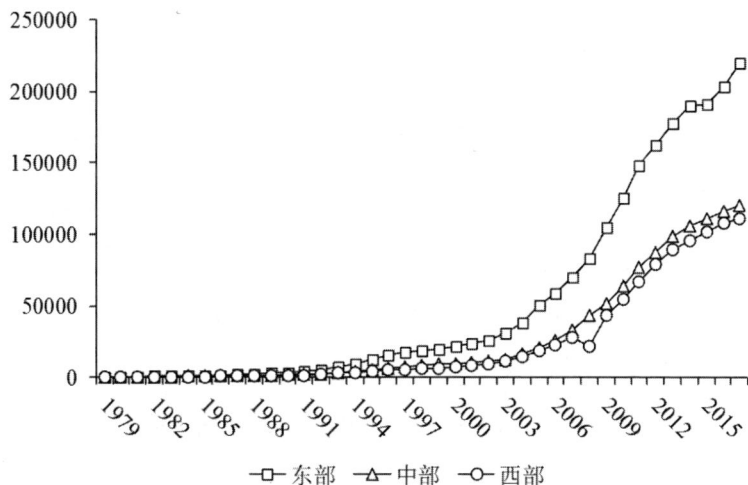

图3.1 三大区域资本总规模演变历程

3.3.1.2 区域资本内部结构

我们选取区域金融机构贷款总额和区域FDI来代表区域资本内

部结构的时序变化。

①金融机构贷款总额。1979—2017 年，东部地区占全国金融机构贷款资金总额的比重年均值为 56.66%，中部地区为 23.70%，西部地区为 19.63%。东部地区银行贷款资金经历了稳定阶段（1982—1995 年），缓慢增长阶段（1995—2010 年）和下降阶段（2010 年后）；

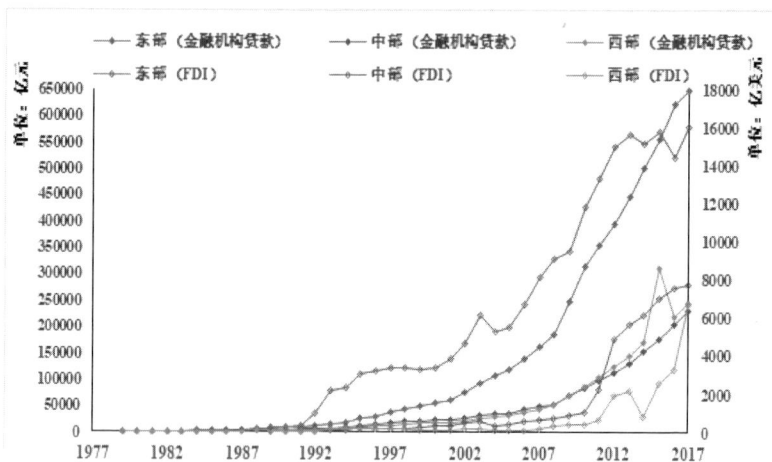

图 3.2　三大区域资本内部结构演变历程

中部地区基本较稳定或处于缓慢增长状态；西部地区呈"波浪状"变化形态，1984 年开始上升，1996 年又开始下降，2010 年又呈上升趋势。

②FDI。从 1989—2017 年的数据可以看出，外商直接投资主要投资于东部，比重年均值达 84.46%，中西部所占比值较少，中部约 10.48%，西部仅 5.06%。其中，东部地区比重呈倒"U"型变

化形态，即两端小，中间大，近年来的比重在 60% 左右上下波动；中部地区在 1999—2010 年所占比重较稳定，约 7% 左右，随后快速增长，2017 年达 25.45%；西部地区在 2010 年前，比重很低，不超过 4%，2011 年后开始攀升，2017 年达 21.92%。总体上，金融机构贷款资金和外商直接投资主要集中于东部地区，中西部地区正逐渐增大，主要因为东部区域的经济发展环境以及交通基础设施等方面都强于中西部地区，因此聚集了较多的信贷资本和外商投资，大体与经济发展总量和经济活跃程度一致，但中西部地区的占比正在慢慢上升。

3.3.2 收敛性特征分析

我们用 3.1 式对全国和三大区域的资本形成额、三大区域的金融机构贷款额和三大区域的 FDI 做收敛性分析，结果如下：

（1）分别对全国和三大区域资本形成额的收敛性进行考察，为修正可能存在的自相关和异方差，使用广义最小二乘法进行估计，回归结果如表 3.1 所示：

表 3.1 全国和三大区域资本形成额收敛情况

变量	全国		东部		中部		西部	
	参数值	t 值	参数值	t 值	参数值	t 值	参数值	t 值
常数项	0.2468***	13.00	0.3284***	8.09	0.2445***	7.85	0.1796***	7.34
期初值	-0.0077***	-2.69	-0.0184***	-3.15	-0.0082*	-1.77	0.0026	0.65

| β | 0.0077 | 0.0186 | 0.0082 | -0.0026 |

注：带 * 的数据为相应统计值，括号内的数据为 t 统计值，***、**、* 分别表示 1%、5%、10% 水平下显著。

回归结果显示，除西部地区外，其余回归中年平均增长率与期初水平均呈负相关关系，β 值至少在 10% 的显著性水平下显著为正，说明存在 β 收敛。其中东部地区资本形成额的收敛速度为 1.86%，远远高于其他地区。西部地区年平均增长率与期初水平呈正相关关系，但不显著。说明西部地区资本形成额不仅不收敛，可能还存在发散，西部地区各省份差异较大。

（2）分别对全国和三大区域金融机构贷款额的收敛性进行考察，同样使用广义最小二乘法进行估计，回归结果如表 3.2 所示。回归结果显示，各回归的年平均增长率与期初水平均呈负相关关系，β 值均在 1% 的显著性水平下显著为正，说明存在 β 收敛。三大区域收敛速度从快到慢分别为东部、中部、西部，收敛速度分别为 1.75%、1.41%、0.86%。

表 3.2 全国和三大区域金融机构贷款额收敛情况

变量	全国		东部		中部		西部	
	参数值	t 值	参数值	t 值	参数值	t 值	参数值	t 值
常数项	0.2792***	17.81	0.3333***	9.32	0.2776***	9.52	0.2549***	12.76
期初值	-0.0121***	-5.58	-0.0173***	-3.80	-0.0140***	-3.55	-0.0086***	-2.82
β	0.0122		0.0175		0.0141		0.0086	

注：带 * 的数据为相应统计值，括号内的数据为 t 统计值，***、**、* 分别表示 1%、5%、10% 水平下显著。

（3）分别对全国和三大区域 FDI 的收敛性进行考察，同样使用广义最小二乘法进行估计，回归结果如表 3.3 所示：

表 3.3　全国和三大区域 FDI 收敛情况

变量	全国		东部		中部		西部	
	参数值	t 值	参数值	t 值	参数值	t 值	参数值	t 值
常数项	0.4655***	6.69	0.1938**	2.15	1.4841***	6.34	0.3870***	3.07
期初值	-0.0483***	-3.78	-0.0114	-0.82	-0.2178***	-5.20	-0.0339	-1.06
β	0.0495		0.0115		0.2456		0.0345	

注：带 * 的数据为相应统计值，括号内的数据为 t 统计值，***、**、* 分别表示 1%、5%、10% 水平下显著

回归结果显示，三大区域的年平均增长率与期初水平均呈负相关关系，但仅有中部地区的 β 值均在 1% 的显著性水平下显著为正，说明存在 β 收敛。东部和西部地区的年平均增长率与期初水平均虽呈负相关关系，但并不显著，说明东部和西部地区内部省份间 FDI 增长率差距较大。

3.3.3 空间特征分析

3.3.3.1 空间相关性分析

我们用（3.2）式的全局空间自相关指数以及局部空间自相关指

数对我国各省的资本形成额、金融机构贷款额和 FDI 进行统计分析。

①各省资本形成额的空间相关性分析

如表 3.4 统计分析结果所示，各年份的 Moran'I 指数在 10%
显著性水平下都通过统计检验。从表可以看出，1995-2010 年间我
国各省份资本形成额的 Moran'I 指数总体上呈现出上升趋势，空
间自相关性在不断增强，资本形成额的空间集聚态势较为显著。但
2010-2017 年间各省份资本形成额的 Moran'I 指数呈现下降趋势，
空间自相关性在减弱，说明近年来资本形成额有呈空间发散或者溢
出态势，只不过时间样本比较短，还有待更长的时间来确认。

表 3.4　各省份资本形成额 Moran'I 指数及其显著性

年份	Moran'I	Moran'I 期望值	标准差	P 值
1979	0.1213	-0.0345	0.1124	0.0700
1985	0.1835	-0.0345	0.1110	0.0400
1990	0.1776	-0.0345	0.1164	0.0400
1995	0.1714	-0.0345	0.1135	0.0800
2000	0.1949	-0.0345	0.1284	0.0800
2005	0.1979	-0.0345	0.0975	0.0200
2010	0.2589	-0.0345	0.1114	0.0200
2017	0.1992	-0.0345	0.1128	0.0400

从图 3.3 可以看到，观测值并不是均匀地分布在 4 个象限，第
1、3 象限的地区较多，第 2、4 象限地区个数较少，表明省份之间
存在空间自相关性。据此，将各省份的空间自相关模式进一步整理
于表 3.5 中。

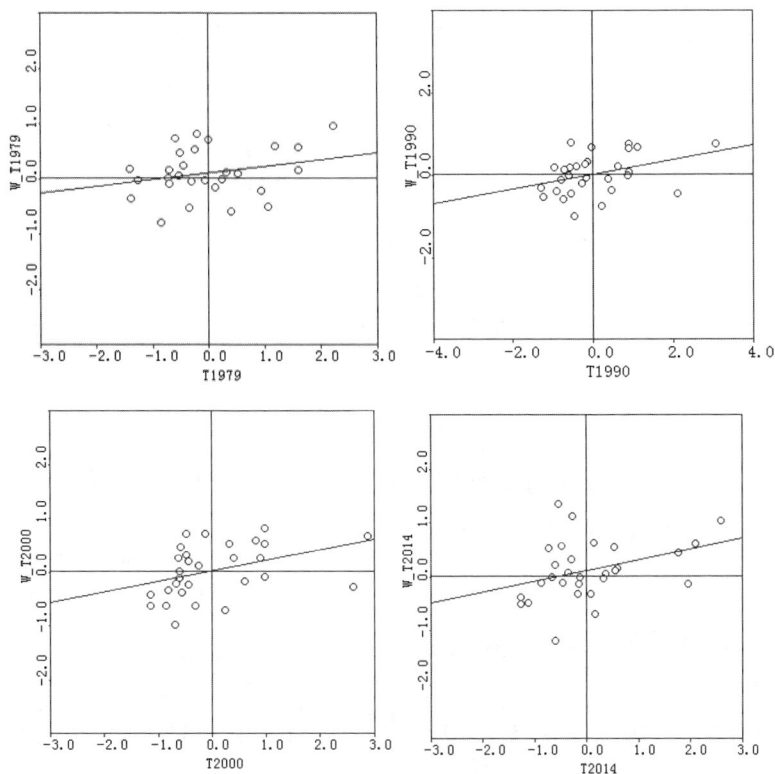

图 3.3 资本形成额的局域 Moran' I 指数散点图

注：从左至右依次为我国 30 个省份 1979 年、1990 年、2000 年、2017 年资本形成额的局域 Moran' I 指数散点分布情况；因西藏数据缺失，不在分析范围。

表3.5 1979—2017 年各省份资本形成额的空间相关模式

1979			1990		
象限	空间相关模式	地区	象限	空间相关模式	地区
第1象限	HH	河南、山东、湖北、湖南、江苏、上海、辽宁、北京、河北	第1象限	HH	山东、河南、江苏、辽宁、河北、上海、北京
第2象限	LH	山西、安徽、浙江、广西、吉林、内蒙古、重庆、海南、天津	第2象限	LH	山西、安徽、浙江、江西、湖南、福建、广西、吉林、天津、内蒙古、海南
第3象限	LL	云南、贵州、青海、甘肃、新疆、宁夏、福建、陕西	第3象限	LL	新疆、宁夏、云南、贵州、青海、甘肃、陕西、重庆
第4象限	HL	黑龙江、江西、广东、四川	第4象限	HL	黑龙江、湖北、广东、四川
2000			2017		
象限	空间相关模式	地区	象限	空间相关模式	地区
第1象限	HH	山东、河南、江苏、福建、河北、上海、北京	第1象限	HH	山东、河南、江苏、湖北、浙江、湖南、福建、河北、辽宁
第2象限	LH	山西、安徽、浙江、江西、湖南、广西、吉林、天津、海南	第2象限	LH	山西、安徽、江西、广西、吉林、上海、北京、天津、海南
第3象限	LL	黑龙江、新疆、宁夏、云南、贵州、青海、甘肃、陕西、内蒙古、重庆	第3象限	LL	黑龙江、新疆、宁夏、云南、贵州、青海、甘肃、陕西、重庆
第4象限	HL	湖北、广东、辽宁、四川	第4象限	HL	广东、内蒙古、四川

从上表可以看出，局域 Moran'I 指数的高值集聚区大多数都

分布在东部及中部，低值集聚区则分布在我国西部，我国资本形成额也存在着空间上的依赖性和异质性。从动态变化趋势来看，山东、河南、江苏和河北等省份稳定居于 HH 高值集聚区，不仅本省份是高资本形成地，周边省份也属于高资本形成区。而新疆、宁夏、云南、青海、甘肃等省份稳定居于 LL 低值集聚区，本省份及周边相关省份都属于低资本形成区。

②各省金融机构贷款的空间相关性分析

如表 3.6 统计分析结果所示，1982—2017 年间我国各省份金融机构贷款的 Moran'I 指数呈先下降后上升的态势，大部分年份的 Moran'I 指数都是显著的，总体来看，金融机构贷款的空间集聚态势较为显著。

表 3.6 各省份金融机构贷款 Moran'I 指数及其显著性

年份	Moran'I	Moran'I 期望值	标准差	P 值
1982	0.2384	-0.0333	0.099	0.0100
1990	0.1660	-0.0333	0.1125	0.0900
1995	0.0730	-0.0333	0.1081	0.1200
2000	0.1013	-0.0333	0.1010	0.1100
2005	0.2782	-0.0333	0.1146	0.0400
2010	0.3118	-0.0333	0.1080	0.0100
2017	0.2997	-0.0333	0.1174	0.0300

从图 3.4 可以看到，观测值并不是均匀地分布在 4 个象限，第 1、3 象限的地区较多，第 2、4 象限地区个数较少，表明省份之间存在空间自相关性。据此，将各省份的空间自相关模式进一步整理

于表 3.7 中。

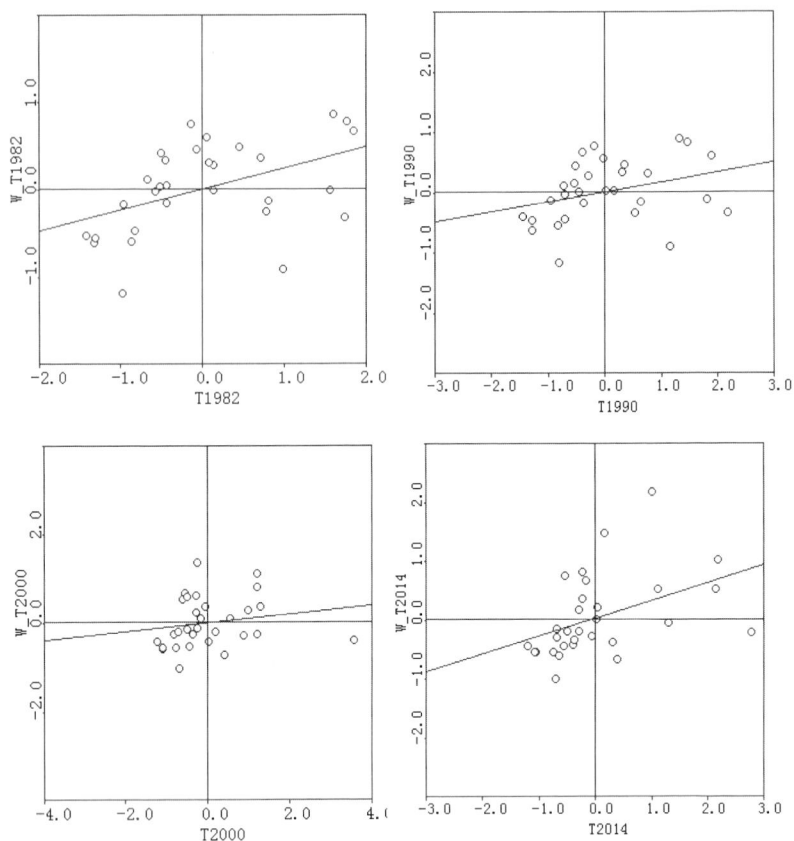

图 3.4　金融机构贷款的局域 Moran'I 指数散点图

注：从左至右依次为我国 31 个省份 1982 年、1990 年、2000 年、2017 年金融机构贷款的局域 Moran'I 指数散点分布情况。

表 3.7　1982—2017 年各省份金融机构贷款的空间相关模式

1982			1990		
象限	空间相关模式	地区	象限	空间相关模式	地区
第1象限	HH	山东、河南、江苏、上海、吉林、辽宁、北京、天津、河北	第1象限	HH	山东、河南、江苏、上海、吉林、浙江、北京、河北、湖南
第2象限	LH	重庆、山西、安徽、浙江、江西、福建、广西、海南	第2象限	LH	重庆、山西、安徽、江西、福建、广西、天津、海南
第3象限	LL	内蒙古、新疆、宁夏、西藏、云南、贵州、青海、甘肃、陕西	第3象限	LL	新疆、内蒙古、宁夏、西藏、云南、贵州、青海、甘肃、陕西
第4象限	HL	黑龙江、湖南、湖北、广东、四川	第4象限	HL	黑龙江、湖北、广东、辽宁、四川
2000			2017		
象限	空间相关模式	地区	象限	空间相关模式	地区
第1象限	HH	山东、河南、江苏、上海、浙江、河北	第1象限	HH	山东、河南、江苏、上海、浙江、福建、河北
第2象限	LH	安徽、江西、湖南、福建、广西、吉林、天津、海南	第2象限	LH	安徽、江西、湖南、广西、天津、海南

| 第3象限 | LL | 重庆、新疆、山西、宁夏、西藏、云南、贵州、青海、甘肃、陕西、内蒙古 | 第3象限 | LL | 重庆、黑龙江、新疆、山西、宁夏、西藏、湖北、云南、贵州、吉林、青海、甘肃、陕西、内蒙古 |
| 第4象限 | HL | 黑龙江、湖北、广东、辽宁、北京、四川 | 第4象限 | HL | 广东、辽宁、北京、四川 |

高值集聚区大多数都分布在东部及中部，低值集聚区则多数分布在我国西部，我国金融机构贷款存在着空间上的依赖性和异质性。从动态变化趋势来看，山东、河南、江苏、上海、河北等省份稳定居于 HH 高值集聚区，不仅本省份是高水平金融机构贷款地，周边省份也属于高水平金融机构贷款地。而内蒙古、新疆、宁夏、西藏、云南、贵州、青海、甘肃、陕西等省份稳定居于 LL 低值集聚区，本省份及周边相关省份都属于低水平金融机构贷款区。

③各省 FDI 的空间相关性分析

如表3.8统计分析结果所示，2004—2017 年间我国各省份 FDI 的 Moran'I 指数大体呈下降的态势，省份间的空间相关程度趋于减弱。但各年份的 Moran'I 指数都是显著的，总体来看，FDI 的空间集聚态势较为显著。

表 3.8 各省份 FDI Moran'I 指数及其显著性

年份	Moran'I	Moran'I 期望值	标准差	P 值
2004	0.3318	-0.0333	0.1101	0.01
2006	0.3229	-0.0333	0.1041	0.01
2008	0.2762	-0.0333	0.0978	0.01
2010	0.1891	-0.0333	0.1027	0.04
2012	0.1904	-0.0333	0.0898	0.01
2017	0.1936	-0.0333	0.1104	0.04

从图 3.5 可以看到，观测值并不是均匀地分布在 4 个象限，第 1、3 象限的地区较多，第 2、4 象限地区个数较少，表明省份之间存在空间自相关性。据此，将各省份的空间自相关模式进一步整理于表 3.9 中。

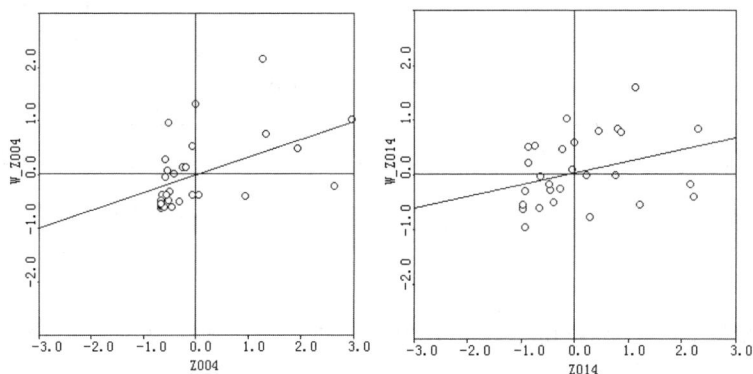

图 3.5 FDI 的局域 Moran'I 指数散点图

注：从左至右依次为我国 31 个省份 2004 年和 2017 年 FDI 的局域 Moran'I 指数散点分布情况。

表 3.9　2004—2017 年各省份 FDI 的空间相关模式

2004			2017		
象限	空间相关模式	地区	象限	空间相关模式	地区
第 1 象限	HH	山东、江苏、上海、浙江、福建	第 1 象限	HH	山东、河南、江苏、安徽、上海、浙江、江西、湖南、湖北
第 2 象限	LH	河南、安徽、江西、湖南、广西、吉林、北京、海南、河北	第 2 象限	LH	福建、广西、吉林、北京、河北、海南
第 3 象限	LL	黑龙江、新疆、山西、宁夏、西藏、云南、贵州、青海、四川、甘肃、陕西、内蒙古、重庆	第 3 象限	LL	重庆、黑龙江、新疆、山西、宁夏、西藏、云南、贵州、青海、甘肃、陕西、内蒙古
第 4 象限	HL	湖北、广东、辽宁、天津	第 4 象限	HL	广东、辽宁、天津、四川

　　高值集聚区大多数都分布在东部，低值集聚区则多数分布在我国西部及中部，我国 FDI 存在着空间上的依赖性和异质性。从动态变化趋势来看，山东、江苏、上海、浙江等省份稳定居于 HH 高值集聚区，不仅本省份是高 FDI 地，周边省份也属于高水平 FDI 地。且随着时间推移，越来越多的省份都进入了高值集聚区，而重庆、黑龙江、山西、内蒙古、新疆、宁夏、西藏、云南、贵州、青海、甘肃、陕西等省份稳定居于 LL 低值集聚区，本省份及周边相关省份都属于低 FDI 区。

3.3.3.2 空间分布特征分析

根据各省 1979—2017 年的各种资本数据，除海峡两岸暨香港、澳门还有西藏的部分值缺失之外，求平均值得到各省份的资本情况，并采用地理信息系统（Geographic Information System）分析法和 GIS 分析软件做出资本形成总额、金融机构各项贷款和外商直接投资等三种资本的空间分布图。

由资本空间分布图可知，资本形成额最高的第一等级以东部省份为主，在 5230.4-9871.9 亿元之间，依次为山东、广东、江苏和河南，山东排名第一；第二等级在 3628.5—5230.4 亿元之间，以中部东部省份为主；第三等级在 2587.5—3628.5 亿元之间，东中西部三个区域的省份均有所涵盖；第四等级，低于 2587 亿元的省份为西藏、青海、甘肃、宁夏、贵州和海南，大多为西部省份。

由资本空间分布图可知，金融机构各项贷款资金最高的，主要分布在沿海省份，广东省最高（25585.3 亿元）；第二等级，主要分布在沿海或靠近沿海的省份，四川省位于其中；第四等级的省份只有西藏、青海、宁夏和海南；其余省份处于第三等级，包含了中部西部地区多数省份和少量东部省份。

由资本空间分布图可知，江苏和广东最受外商企业青睐，其次为靠近沿海的其他省份，如辽宁、山东、浙江、河南等，四川省依旧位于其中；位于第三等级的大多为中部省份，第四等级相对于前三个指标，有较大的区别，涵盖的省份较多，大多数西部省份包含其中，还有北京、广西、海南、山西、吉林等东部中部省份。

综合上述资本分布情况可以看出，高值区域集中于广东、山东、江苏等省份，较高值区域分布在河南、安徽、浙江等中部东部省份，四川也位于其中，中值区域呈零星分布，表现为不集聚状态，多为中部西部省份，低值区域集中于西藏、青海、甘肃等西部省份。

3.3.3.3 总体"集聚"特征分析

为了发现我国区域资本的空间集聚或空间异常情况，我们用探索性空间数据分析（ESDA）做进一步分析。探索性空间数据分析是一系列空间数据分析方法和技术的集合，主要以空间关联测度为核心，通过对事物或现象空间分布格局的描述与可视化，发现空间集聚和空间异常，揭示研究样本之间的空间相互作用机制。[94] 从上述分析发现 1995 年是一个比较特殊的年份，我们将 1979、1995、2014 和 2017 年作为主要年份，分别计算这四个年份的 Moran'I 和 General G 估计值（见表 3.10），G 系数采用（3.3）式 Getis-Ord Gi*（热点分析）指数用 Z 得分来检验空间自相关的统计显著性，不同于 Moran'I 指数的是 Z 得分为正意味着高 / 高集聚，负值意味着低 / 低集聚。表中显示，各时间断面 Moran'I 估计值全部为正 ，且检验结果大多在 5% 的水平下显著，在表明各省份间存在正相关，在空间格局上呈集聚分布格局。其次，比较 M 值的大小，可知固定资产投资的空间集聚性 > FDI > 银行贷款资金 > 资本形成额，其中资本形成额的 M 值呈现增大态势，空间集聚性越来越强，而 FDI 有变弱趋势。另外，全局 G 统计指标的观测值和期望值变化都很小，符号为正，且检验值较为显著，表明相邻地域单元的资本规模高值与低值集聚现象，且对应的 Z 值除 2000 年的 FDI 外，其他都比较显著，变化幅度也较小，说明区域资本的空间格局在整体上变化较小，保持着相对稳定的空间格局，与 Moran'I 估计值分析结果大体相同。

表 3.10　各省份不同资本的 Moran'I 指数及 General G 估计 Z 值

年份	固定资产投资	G 点对应	资本形成额	G 点对应	银行贷款资金	G 点对应	年份	FDI	G 点对应
	Moran'I	Z 值	Moran'I	Z 值	Moran'I	Z 值		Moran'I	Z 值
1979	0.210***	2.878**	0.121**	2.432**	0.238***	2.322**	2000 年	0.332**	0.939
1995	0.310*	2.122**	0.171**	2.336**	0.073**	1.680*			
2014	0.280**	2.527**	0.199*	2.322**	0.302**	2.367**	2014 年	0.214**	2.787**
2017	0.107*	2.609***	0.083	2.481**	0.034	2.383**	2017 年	0.004	2.200**

注：*、** 和 *** 分别表示在 10%、5% 和 1% 的显著性水平下显著，下同。

3.3.3.4 集聚格局演化分析

Moran'I 和 General G 估计值只能从总体上分析空间格局的集聚态势，为进一步探究其局部集聚态势，换而言之，为了更清楚地了解和掌握各省份资本规模的局部集聚情况以及集聚区高值的变化情况，可采用热点区格局进行分析。为了掌握区域资本总规模的集聚格局演化，将资本形成总额、金融机构各项贷款、FDI 和固定资产投资进行汇总，分别运用局域空间关联指数 Getis，并利用 ArcGIS 软件进行空间可视化，用 Jenks 的最佳自然断裂点法对 1979、1995、2014 和 2017 年 4 个时间断面的局域 Gi* 统计量按数值大小划分为 7 类，生成中国区域资本规模空间格局的集聚演化图。其中，数值大的 Gi* 指数和 $p < 0.05$ 表示为总资本的热点区，数值小的 Gi* 指数和 $p < 0.05$ 表示为总资本的冷点区。

根据 Gi* 统计量数值的划分和检验结果来看，4 个年份的热点区主要集中以江苏为首的沿海省份，主要分布在江苏、山东、北京、辽宁、天津、河南、安徽等省份，数量上由多变少，区域上逐步由东部地区往中部地区延伸，热点区格局的演化过程能较好揭示区域资本的扩散和流动方向，刻画出中国区域资本总体格局的演化方向。

冷点区主要分布在西藏、青海、甘肃等省份，数量变化不大，这与区域资本的空间分布特征基本一致。从整个格局演化过程来看，我国区域资本规模的分布及格局演化相对较平稳，热点区格局逐步由东部地区向中部地区拓展，而冷点区格局仅在数量上出现了微小变化，空间格局上转换较小，进一步验证了空间格局演化的稳定性，与上述 General G 估计值的结果基本一致。

3.4 小结

本部分主要从资本形成额、银行贷款资金、FDI 及固定资产投资四个方面，结合 1979—2017 年我国 31 个省份的统计数据，借助 β 收敛检验模型、全局空间自相关指数、局部空间自相关指数、Getis-Ord Gi*（热点分析）指数和 GIS 的空间分析模块，系统分析了我国三大区域以及各省域不同资本的时空演化过程。结果表明：各区域资本规模持续增大，不同板块间的差距显著，东部地区占据主导地位，其次为中西部地区；各省域资本空间分异明显，高值区域集中于山东等沿海省份，较高值区域以中东部省份为主，中值区域呈零星分布，低值区域以西藏等省份为主；相邻省域表现较弱的空间集聚特征，演化格局较稳定，热点区逐步由东部向中部地区延伸，冷点区（西藏、青海等省份）变动不大。具体来讲：

（1）总体上，区域各资本规模呈持续增大态势，但我东中西部地区的分布很不均衡，不管是从资本总量还是资本内部结构，东部地区都占据着主导地位，伴随着国家政策的引导和东部资本拥挤效应的出现，资本逐步向中西部地区转移，但差距依然明显。

（2）除西部地区外，东部地区、中部地区的资本形成额都存在 β 收敛，其中东部地区资本形成额的收敛速度远远高于其他地区，西部地区资本形成额不仅不收敛，可能还存在发散，西部地区各省份差异也较大。而东部地区、中部地区和西部地区的金融机构各项贷款都是收敛的。

（3）1995—2010 年间我国各省份资本形成额的 Moran'I 指数总体上呈现出上升趋势，空间自相关性在不断增强，资本形成额的空间集聚态势较为显著。但 2010—2017 年间各省份资本形成额的 Moran'I 指数呈现下降趋势，空间自相关性在减弱，说明近年来资本形成额有呈空间发散或者溢出态势。

（4）省域资本规模空间分异明显，总体上分布不健全但呈稳定态势，表现为高值区域集中在以山东、江苏和广东等沿海省份，较高值区域分布在河南、安徽、浙江等中东部省份，四川也位于其中，中值区域呈零星分布，表现为不集聚状态，多为中西部省份，低值区域集中于西藏、青海、甘肃等西部省份。

（5）省域资本规模集聚格局演化表明，自 1979 年以来，区域资本格局整体上变化较小，基本保持着较为稳定的集聚分布格局。热点区集中在以江苏为首的沿海省份，数量上由多变少，区域上逐步由东部向中部地区延伸，冷点区主要集中在西藏、青海等省份。热点区格局的演化过程能较好揭示区域资本的扩散和流动方向，刻画出了中国区域资本总体格局的演化方向是逐步由东部向中部地区延伸。

研究发现，无论是区域总体资本还是区域内部资本，东中西部都存在着明显的差距。首先，中西部地区资本形成机制不强是影响区域资本形成非均衡的重要因素。需要在非均衡经济的基础上，持续推进中部崛起和西部大开发战略，以市场作为资源配置手段，鼓励区域内资本优化配置，同时注意发挥政府宏观调控的作用，提供更多优惠政策，如加大对中西部地区的贷款比例，支持企业产权制度创新，创新以资源为主的金融产品及建立规范的场外交易市场，吸引劳动力、资本、技术等要素的流入。另外，中西部受地理环境和地方财力的限制，基础设施建设落后，制约着资本尤其是固定资本的流入和经济发展。需要加快构建连接东部沿海、国内外的高效便捷运输网络，有效承接发达地区的产业转移，学习新的管理方式和技术，加强信用环境建设，优化资本的内生增长环境。其次，地区资源丰裕度和生产要素禀赋的差异，一定程度上影响了资本的流动，形成资源诅咒，成为制约区域经济均衡的重要瓶颈，建立有效资源使用机制是资源丰裕地区产业结构调整的关键。在资源丰裕的中西部落后地区，资源常被用于政府的消费性支出，使用效率较低，要建立透明的监督机制、社会公众参与机制和严格的专向拨款审制机制，将有限资源投入到成本低、效益高、受益面广的社会发展领域。最后，强调资本形成数量的同时，不能忽视资本的使用效率，传统的经济增长模式下的资本使用和配置效率较低，也是区域资本差异显著的重要原因。需要重视资本的使用情况，建立有效率的资本形成机制，培育强大的资本形成能力，确保发挥最大的经济和社会效益。

4 我国区域金融资本的空间关联特征分析 [①]

从第二部分和第三部分的分析我们可以看出，我国区域资本的流动从向东部聚集的形态开始向中部和西部溢出的趋势发展，但资本流动到底由哪个具体地区或者向哪些省份溢出难以发现。而关联性是形成溢出效应的前提，如果发现了区域资本之间的关联性，也就找到了区域资本溢出的方向。同时，如果清楚增强区域资本关联性的现实基础，就能找到增强发达区域资本溢出效应的措施。本部分就以金融资本为例进行探讨，因为金融资本的流动最能反映市场力量以及社会资本的流动趋势，最具代表性。

本部分采用人均金融资产作为衡量各区域或各省的金融资本发展水平的指标，金融资产通过存款、贷款、股票融资与债券加总而来，样本数据包括 31 个省、市、自治区为研究对象（由于海峡两岸暨香港、澳门的数据缺失了数年，故不包含在样本之内），样本数据的时间跨度为 1978—2018，共计 41 年。

---

① 该部分的主体内容已发表：中国区域金融发展关联网络的构建与分析：1978-2018.经济地理，2019（09）.

4.1 问题的提出

党的十九大报告指出"我国社会主要矛盾已经转化为人民日益增长的美好生活需要和不平衡不充分的发展之间的矛盾",区域经济发展的不平衡是不平衡不充分发展最为凸出的一面,缩小区域经济发展差距是化解新的社会主要矛盾的当务之急。金融是现代经济的核心,随着经济金融化的加剧,金融发展和资本的集聚成为左右经济发展的主要动力,破解区域经济差距过大的重心在于金融资源在区域之间的合理配置。从金融发展的空间特征来看,既有"回波效应",亦有"溢出效应"。在寻求利润的驱动下,亦会向外部区域扩散(郭金龙、王宏伟,2003;王小鲁、樊纲,2005)[57][95]。金融资本的流动对于平衡区域经济发展的作用是辨证的,回波效应过强对发达地区有利但必然会加剧区域经济差距,而溢出效应突出必然有助于平衡区域经济发展。在不违背市场规律的前提下,如何充分发挥金融资本的溢出效应是解决区域经济发展不平衡不充分的突破口。

目前已有大量文献对我国区域金融发展不平衡不充分进行了解析,主要包括区域金融发展差异与成因、收敛性与空间相关性,试图找出促成区域金融平衡充分发展的措施。然而,大部分文献未能将区域金融发展的关联关系作为制定政策的前提，对"回波效应"重视不够，政策建议缺乏现实基础。也有文献通过"社会网络"方法识别区域金融发展的关联性，分析关联性产生的现实基础，但未能从如何强化溢出效应的角度解读关联性，政策建议缺乏现实含义。关联性是形成溢出效应的前提，增强区域之间的关联性有助于增强溢出效应。因此，本部分将基于区域金融资本发展的关联网络，以强化溢出效应为目标，从双向互动的视角重新审视区域金融溢出的作用，寻求促进区域经济平衡充分发展的路径。

国内外学者对区域金融关联及溢出的论述较少。在已有文献中，关于中国区域金融发展的研究主要集中于阐述区域金融发展差距的成因和应对策略，较少有文献从网络结构的角度阐述区域金融发展差距的内在逻辑与治理策略。早期文献主要以探析区域金融发展差距的成因为主题，认为金融发展与经济发展是共生的，区域经济发展差距是区域金融发展差距的主要成因。崔光庆、王景武（2006）[96]认为区域经济发展差异、政府制度安排是形成区域金融发展差距的两大因素。李敬等（2007）[97]的实证研究表明，经济地理条件和政策倾斜是形成区域金融发展差距的主要原因。地理单元之间的金融发展并不是孤立的，任英华等（2010）[98]在空间计量的框架下对区域金融发展进行解析，实证研究表明区域经济创新与经济基础是扩大区域金融发展差距的主要驱动因素。区域金融发展差距与区域金融发展趋同是一个硬币的正反面，在剖析区域金融发展不平等不充分的同时，亦有文献分析区域金融发展趋同的驱动因素。李敬等（2008）[99] 以1992—2004年省际数据为样本进行实证研究，研究表明中国省际间金融发展差异呈现加速扩张的态势。吴新生（2011）[15] 基于1978—2010年的省际金融发展数据进行实证研究，研究结果表明金融发展存在趋同现象，经济基础、物质资本投入、对外开放以及人力资本水平均对金融发展趋同具有推动作用，金融集聚与地区经济增长存在路径依赖（初春、吴福象，2018）[100]。

区域资本流动是形成区域金融发展差距的另一成因（Wei &Boyreau-Debray，2004；Li，2003）[16][17]。区域资本流动存在空间依赖（吴新生，2011；肖燕飞，2017）[15][71]，且有"亲富"特征（倪鹏飞，2014）[18]，主要成因有两个方面：政策倾斜与市场机制（蔡翼飞等，2017）[21]。政策倾斜是资本流入的动力，而市场机制是资本流出的驱动因素。资本流动存在突出的区域差异（王喜、赵增耀，2014）[19]，在各个地区内部，东部地区资本流动较为活跃、西部次之，中部地区资本流动活跃程度较差（王振兴，2018）[20]。在区域之间，西部地区是资本承接地，东部地区是来源地，中部地区兼具两种角色（蔡翼飞等，2017）[21]。外商投资会促进资本从东部流向中西部，而中央政府的投资则会导致资本从西部流向东中部（余壮雄、杨扬，2014）[22]。在政府招商引资的激励之下，政府税收竞争和地方政府财政支出竞争对区域资本流动产生了深刻影响（钟军委、林永然，2018）[24]，政策激励能够左右资本流向（杨贵军等，2017）[25]。

在现有文献中，虽然引入了空间计量的研究方法，但金融发展在区域之间的关联性不局限于空间关联，而是要将所有地理单元置于网络中，从全局剖析地理单元之间的金融发展差距。自 Freeman（1978）、Scott（1988）、Wassennan& Faust（1997）、Kilduff &Tsai（2003）提出规范的社会网络研究方法以来 [101][102][103][104]，社会网络理论被广泛应用于经济、金融与管理研究领域（Cassi et al.，2012；Oliveira&Gama，2012；Fracassi & Tate，2012；Fracassi，2016）[105][106][107][108]。以社会网络分析方法为工具，诸多区域经济金融发展现象被重新解读（De Guevara et al.，2007；Claessens&Perotti，2007；Schiavo et al.，2010；李敬等，2014；郭美娟，2016）[109][110][111][112][113]。然而，从已有文献的研究进展来看，社会网络分析方法和区域金融发展的逻辑并未有机融合。

从全局来看，在资本自由流动的前提下，区域金融发展存在回波效应与溢出效应，之所以能够产生两种效应，前提是区域之间的金融资本发展存在关联性，能够为资本的流动提供渠道。因此，本研究认为研究区域资本流动、区域金融发展中的回波效应与溢出效应以及区域金融发展不充分不平衡发展的起点是分析区域金融资本发展的网络结构。基于此，本部分以 1978—2018 年的区域金融资本发展数据为基础构建中国区域金融资本发展网络，分析区域金融资本发展网络结构，探析强化区域金融资本网络关联性的现实基础。

4.2 区域金融资本发展的社会网络分析方法

4.2.1 区域金融资本发展网络的构建方法

社会网络分析方法是基于社会学、图论等学科发展起来的跨学科定量研究方法，经典社会学理论认为社会是由网络构成，网络又是由结点与结点之间的关系构成（Wassennan& Faust，1997）[103]。社会网络的基本要素包括"行动者"与"关联关系"，行动者可以是个人、群体、阶层、公司、地理单元，结点是行动者在网络中的位置；关联关系是将行动者链接在一起的纽带，关联关系可以具体分为亲属关系、合作关系、交换关系、对抗关系等，关联关系是资源传递与流通的渠道。与经典计量模型相比，在社会网络方法分析方法中，并不将变量之间的独立性作为前提假设，这是社会网络分析方法最为突出的优势。

在构建区域金融资本发展网络之前，需要确认地理单元之间的金融发展是否存在关联关系，Groenewold et al.（2007、2008）、李敬（2014）、郭美娟（2016）等通过 VAR 模型与格兰杰因果检验 [112][113][114][115]，在给定置信水平的条件下，确认了地理单元之间是否存在关联关系。本部分以中国 1978—2018 年 31 个省、市、自治区的金融发展数据为样本（由于海峡两岸暨香港、澳门的数据存在缺失，故不包含在样本数据之内），故需构建 465 个 VAR 模型，进行 930 次格兰杰因果关系检验。格兰杰因果关系检验并不是确认某个地理单元的金融发展是另一个地理单元金融发展的格兰杰原因，而是确认在统计上两者的金融发展是否存在关联性。

4.2.2 区域金融资本发展网络结构的特征分析法

在构建金融资本发展网络的基础上，可通过网络密度（Density）、关联度（Connectedness）和中心度（Centrality）分析网络结构的特征。网络密度是指地理单元之间的关联关系的紧密程度，网络中的关联关系越多，网络密度越大。假设网络中的地理单元个数为 N，网络中关联关系的数量为 K，在有向网络中，最大关联关系的数量为 $N \times (N\text{-}1)$，则网络密度为：

$$D_n = K \Big/ \Big[N \times \big(N - 1 \big) \Big] \quad （4.1）$$

如果任何两个区域之间都存在一条直接或间接的渠道将两者相连，那么该网络就存在较高的关联度，关联度可以衡量网络的稳健性或脆弱性。然而，如果所有间接关联的渠道都要经过某个板块，一旦将该板块剔除，网络就可能崩溃。关联度可以通过可达性（Reachability）、网络等级（Hierarchy）与网络效率（Efficiency）衡量，假设网络中不可达的点对数为 M，可达性的度量公式为：

$$C_R = 1 - M / \left[N \times (N-1)/2 \right] \quad (4.2)$$

在有向网络中，如果成对可达的路径为 P，$\max(P)$ 为成对可达路径的最大值，那么网络等级的量化公式为：

$$C_H = 1 - P / \max(P) \quad (4.3)$$

除了成对的网络路径之外，还有存在一些不成对的路径，即单线路径。如果网络中的单向路径为 M，$\max(M)$ 为单向路径的最大值，那么网络效率的量化公式为：

$$C_E = 1 - M / \max(M) \quad (4.4)$$

在区域金融研究中，网络效率具有重要的经济学含义。如果网络中的单向路径越多，那么产生溢出效应的渠道就越多。在区域金融发展中，往往会形成若干个金融中心。在金融发展网络中，如果某个地理单元是多条双向最短路径的中间节点，那么该地理单元在网络中具备左右全局的作用，该地理单元的中心度也就越高。中心度可以通过度数中心度（Degree Centrality）和中间中心度（Betweenness Centrality）衡量，度数中心度为某个结点与其他结点之间关联的数量，度数中心度又可以分为绝对中心度和相对中心度，在有向网络中，绝对中心度还可以分为点入度（In-degree Centrality）和点出度（Out-degree Centrality）。相对中心度为某个结点的绝对中心度与最大绝对中心度的比值（N-1），假设 n 为某地理单元与其他地理单元直接相关的数量，相对度中心度为：

$$C_D = n/(N-1) \quad （4.5）$$

在网络中，联通两个地理单元的路径不止一条，其中最短路径是最受关注的。如果某个地理单元处于多个最短路径的中间节点，那么此地理单元将是该网络的核心"中介"。假设地理单元 i 与地理单元 j 之间存在的捷径数量为 dij，i 与 j 之间存在的经过地理单元 k 的捷径数目为 $dij(k)$，那么地理单元 k 控制地理单元 i 与地理单元 j 关联的能力为 $bij(k)$，$bij(k)=dij(k)/dij$。按照 Freeman（1978）给出的公式[101]，绝对中间中心度（C_B^A）与相对中心度（C_B^R）分别为：

$$C_B^A = \sum_{i}^{N} \sum_{k}^{N} b_{ij}(k) \quad （4.6）$$

$$C_B^R = \frac{2\sum_{i}^{N} \sum_{k}^{N} b_{ij}(k)}{N^2 - 3N + 2}, i \neq j \neq k, i < j \quad （4.7）$$

4.2.3 板块功能定位与 CONCOR 方法

在网络中，若干个点可以形成一个板块（Wassennan& Faust，1997）[103]，板块的角色可以分为四种：主受益板块、净溢出板块、双向溢出板块与经纪人板块，在经济金融研究中，可以赋予 4 种板块经济学含义（Snyder& Kick，1979；李敬等，2014；郭美娟，2016）[112][113][116]。主受益板块是指区域金融增长主体在板块内部的关联关系较多，外部关联关系较少。在极端情况下，关联关系只存在于板块内部，不与板块外部产生关联关系。净溢出板块与主受益板块相反，关联关系主要产生于板块外部，板块内部的关联关系较少，因而对其他板块产生溢出效应。双向溢出板块的功能介于主受益板块、净溢出板块之间，关联关系的数量在板块内部与外部并不存在显著差异，但较少地接收来自板块外部的溢出效应。经纪人板块是产生溢出效应的中介与桥梁，主要接收来自某些板块外部发送的关联关系，并向其他板块发送关联关系，板块内部的关联关系比较少。

根据 Wassennan& Faust 给出方法，在有向的区域金融发展网络中，假设某个潜在的板块包括 gk 个成员，板块内部的关联关系总数为 gk(gk-1)。在整个网络中共包含 g 个行动者，那么该板块中的所有成员与每个成员的关联关系总和为 gk(g-1)，那么该板块的总关联关系的期望比值为：

$$E_g = g_k\left(g_k-1\right)\big/g_k\left(g-1\right)=\left(g_k-1\right)\big/\left(g-1\right) \qquad （4.8）$$

根据 Eg 的数值，结合该板块所接收的关系比重，可以对板块的功能进行定义，具体如表 4.1 所示。

表 4.1　区域金融资本发展网络中板块功能的定义标准

内部关系比重	接收到的关系比重	
	≈ 0	> 0
$\geq Eg$	双向溢出板块	主受益板块 / 净受益板块
$\leq Eg$	净溢出板块	中介（经纪人）板块

在实际应用中，内部关系比重与接收到的关系比重不满足板块功能定义的条件，网络内部可能会存在功能相似的板块，可以通过迭代相关收敛法（Convergent Correlation，CONCOR）进一步确定板块的功能。CONCOR 方法的详细算法详见 Doreian et al.（2000）[117]，首先以网络中节点之间的关联性为基础进行迭代运算，将网络分割为若干个板块，再根据板块的密度以及网络的密度构建象矩阵，根据象矩阵可以刻画出板块之间的关联性，从而确定板块的功能。

4.3 我国区域金融资本空间关联的实证分析

4.3.1 金融资本的指标选取及数据来源

选择恰当的金融发展指标是进行量化研究的前提，在已有的文献中，M2、M2/GDP、存贷款之和 /GDP、社会融资规模均可以作为衡量金融资本水平的指标。本部分以各省市自治区作为研究对象，并且希望尽可能地溯及改革开放之初，现有衡量金融资本水平的指标不能满足研究需求，因而需要选择其他指标。基于此，本部分采用各省市自治区的人均金融资产作为衡量区域金融资本水平的指标，金融资产通过存款、贷款、股票融资与债券加总而来，样本数据包括31个省、市、自治区为研究对象（由于海峡两岸暨香港、澳门的数据缺失了数年，故不包含在样本之内），样本数据的时间跨度为1978—2018，共计41年。在已有文献中，金融资产规模是较为常用的金融发展指标，由于年份跨度较长，对于省、市、自治区而言，较难统计全口径的金融资产。对于个人而言，存款、股票和债券是主要的金融资产，对于企业、银行而言，贷款、股票和债券是主要金融资产。因此，在本部分的实证研究中将存款、贷款、股票融资与债券之和作为金融资产的近似值。本部分的数据来源均来自各年份的《新中国60年统计资料汇编》《中国统计年鉴》《中国金融年鉴》，以及各地区各年份的国民经济与社会发展统计公报。

图4.1中给出了1978、1988、1998、2008以及2018年各省市自治区各项金融资产的总和以及构成（单位为万亿元），从总体来看，改革开放以来，经济金融化趋势明显，金融资产总量不断攀升。从结构来看，存款、贷款一直占据主导地位，凸显了间接融资在我国经济体系中的重要性。

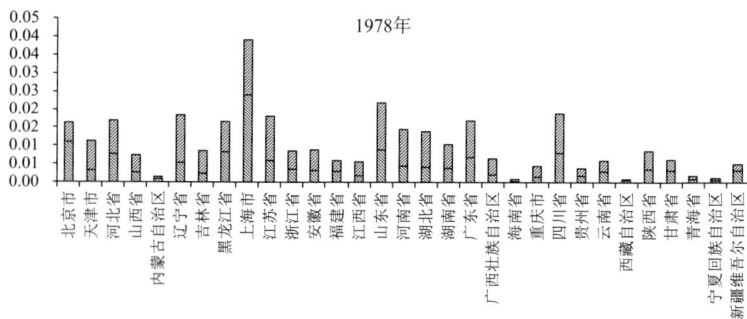

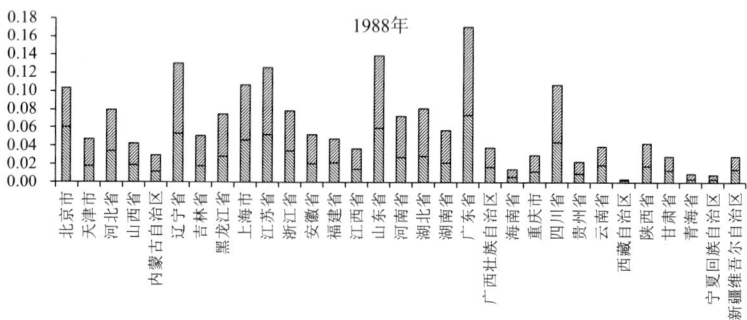

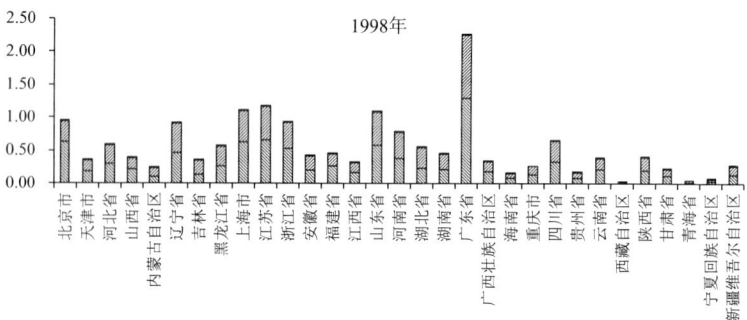

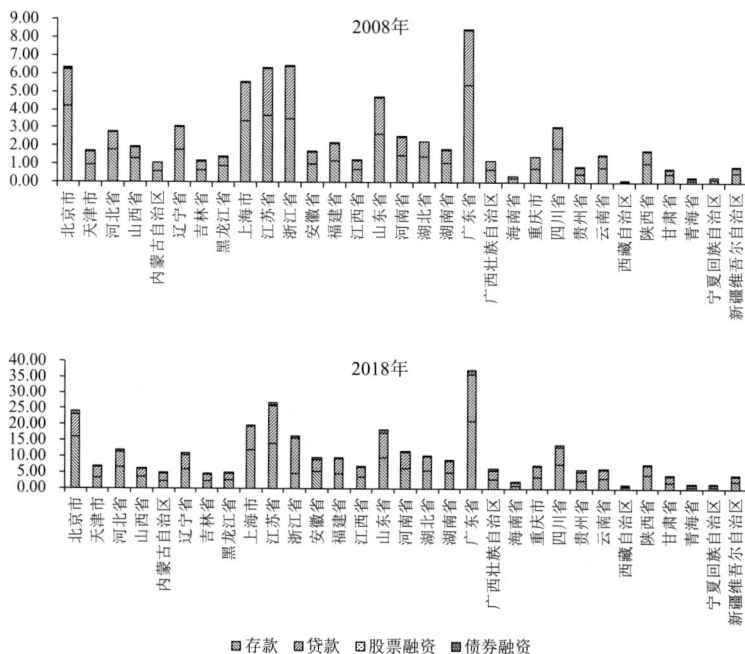

图 4.1 各省、市、自治区各项金融资产的演变及构成

将各省市自治区的各项金融资产加总之后可得总的金融资产，再除以户籍人口总量可得人均金融资产。在金融资产总量上，我国呈现出自西向东不断递增的趋势，在人均金融资产方面，存在类似的情况，西部低于中部，中部低于东部，金融发展不平衡的问题突出。因此，如何缩小各区域金融发展的差距，为促进经济平衡发展创造条件，具有重要现实意义。

4.3.2 区域金融资本空间关联网络的构建与分析

4.3.2.1 区域金融资本空间关联网络的建立

地理单元之间的金融发展关联性是通过格兰杰因果检验确立，格兰杰因果检验是以 VAR 模型为基础，在构建 VAR 模型之间，首先需要判断序列的平稳性，单位根检验结果如表 4.2 所示。IPS（Im,Peasaran& Shin）单位根检验表明，在 5% 的水平上，除山东省之外，其余 30 个省市自治区的 ln(人均金融资产) 均是非平稳序列；对 ln(人均金融资产) 进行一阶差分之后，除天津、辽宁、浙江和福建之外，其余 27 个省市自治区的差分序列均是平稳序列。

表 4.2　各省人均金融资产的单位根检验

省份	ln(人均金融资产)		ln(一阶差分 : 人均金融资产)	
	t-Stat	Prob.	t-Stat	Prob.
北京市	-1.8432	0.3548	-3.0545	0.0388
天津市	-1.0361	0.7307	-2.3784	0.1544
河北省	-0.6980	0.8355	-4.0268	0.0034
山西省	-1.6554	0.4454	-4.4292	0.0011
内蒙古自治区	-0.7589	0.8195	-2.9460	0.0495
辽宁省	-1.8875	0.3346	-2.4753	0.1293
吉林省	-2.4731	0.1296	-3.1164	0.0337
黑龙江省	-1.7767	0.3862	-4.8872	0.0003
上海市	-0.4443	0.8912	-4.4624	0.0010
江苏省	-1.7932	0.3783	-3.2630	0.0239

浙江省	-2.3548	0.1609	-0.8994	0.7776
安徽省	-0.6583	0.8454	-3.4773	0.0142
福建省	-2.7354	0.0773	-2.3767	0.1548
江西省	-1.2188	0.6566	-3.2445	0.0250
山东省	-4.2016	0.0020	-3.0467	0.0395
河南省	-1.2007	0.6645	-3.8226	0.0058
湖北省	-1.2421	0.6463	-3.8945	0.0048
湖南省	-0.9704	0.7543	-3.1319	0.0325
广东省	-2.6519	0.0916	-3.6827	0.0084
广西壮族自治区	-1.1143	0.7006	-2.8066	0.0468
海南省	-2.0078	0.2824	-3.7048	0.0079
重庆市	-1.9994	0.2859	-4.1968	0.0021
四川省	-1.1274	0.6953	-2.9084	0.0437
贵州省	-0.0067	0.9522	-4.2723	0.0017
云南省	-1.9529	0.3056	-2.6648	0.0495
西藏自治区	1.5073	0.9990	-3.3466	0.0196
陕西省	-0.7992	0.8082	-3.4703	0.0144
甘肃省	-0.5537	0.8693	-2.7693	0.0423
青海省	-0.0946	0.9430	-2.6868	0.0456
宁夏回族自治区	-1.3767	0.5837	-3.4036	0.0170
新疆维吾尔自治区	-0.8769	0.7850	-6.6585	0.0000

在构建 VAR 模型的过程中,确定模型所包含的滞后项阶数至关重要。在确定 31 个省市自治区相互之间的关联关系时,共需要构建 (31×30)/2=495 个 VAR 模型,由于每个模型中所包含的序列

不同，滞后项阶数需要一一确定，滞后项的选择将综合 4 种判定方法（FPE、AIC、SC、HQ）的结果。最后，以 VAR 建模为基础，在 5% 的水平上，根据格兰杰因果关系检验的结果，确定任意两个地理单元之间的金融发展是否存在关联性。由于格兰杰因果关系是相互的，在 495 个 VAR 模型估计结果的基础上，需进行 930 次格兰杰因果关系检验，故区域金融资本的关联网络为有向网络。依据格兰杰因果关系检验确立的关联性，可以构建中国区域金融资本的关联网络，如图 4.2 所示。

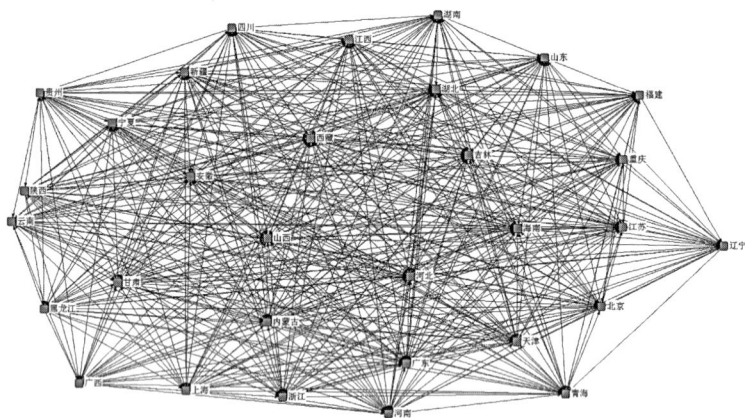

图 4.2　中国区域金融资本关联网络

4.3.2.2 区域金融资本空间关联网络的结构特征

以图 4.2 中的区域金融发展关联网络为基础，经计算可以得到网络密度、关联度和中心度，网络中地理单元之间的关联关系为765，最大关联关系为 930，网络密度为 0.8226，关联度的 3 项（可达性、网络等级与网络效率）指标均为 0，由此可见，区域金融资本发展网络互联互通的程度非常高。

中心度的量化结果如表 4.3 所示，从度数中心度的统计结果来看，河北、山西、重庆的点入度均为 30，在所有省份中位居并列第一；海南、宁夏回族自治区的点出度均为 30，两者并列第一。中间中心度的统计结果表明，河北、山西、宁夏回族自治区、新疆维吾尔自治区和上海市的中间中心度位列前 5，由此可知，该 5 个省市自治区在区域金融资本发展网络中扮演着"中介"的角色。

表 4.3　中国区域金融资本发展网络的中心度

省份	度数中心度				中间中心度		
	绝对度中心度		相对度中心度		绝对中间中心度	相对中间中心度	排名
	点入度	点出度	点入度	点出度			
北京市	28	12	0.933	0.400	2.904	0.334	25
天津市	27	20	0.900	0.667	3.335	0.383	24
河北省	30	29	1.000	0.967	11.114	1.277	1
山西省	30	28	1.000	0.933	9.838	1.131	2
内蒙古自治区	28	24	0.933	0.800	7.353	0.845	6
辽宁省	14	23	0.467	0.767	1.117	0.128	31
吉林省	28	23	0.933	0.767	4.135	0.475	20
黑龙江省	26	23	0.867	0.767	2.674	0.307	26
上海市	27	26	0.900	0.867	7.65	0.879	5
江苏省	26	27	0.867	0.900	5.306	0.61	15
浙江省	23	29	0.767	0.967	6.025	0.693	13
安徽省	29	20	0.967	0.667	3.369	0.387	23
福建省	15	25	0.500	0.833	1.872	0.215	30

江西省	26	27	0.867	0.900	6.847	0.787	11
山东省	25	24	0.833	0.800	4.496	0.517	19
河南省	27	25	0.900	0.833	5.028	0.578	17
湖北省	28	27	0.933	0.900	7.32	0.841	7
湖南省	28	24	0.933	0.800	3.833	0.441	21
广东省	27	28	0.900	0.933	7.183	0.826	8
广西壮族自治区	17	22	0.567	0.733	2.428	0.279	27
海南省	17	30	0.567	1.000	5.044	0.58	16
重庆市	30	23	1.000	0.767	5.939	0.683	14
四川省	28	22	0.933	0.733	4.602	0.529	18
贵州省	25	25	0.833	0.833	7.18	0.825	9
云南省	20	23	0.667	0.767	2.195	0.252	28
西藏自治区	13	29	0.433	0.967	3.725	0.428	22
陕西省	23	20	0.767	0.667	1.923	0.221	29
甘肃省	25	27	0.833	0.900	6.29	0.723	12
青海省	22	24	0.733	0.800	7.031	0.808	10
宁夏回族自治区	25	30	0.833	1.000	9.058	1.041	3
新疆维吾尔自治区	28	26	0.933	0.867	8.186	0.941	4

4.3.3 区域金融资本空间关联的块模型分析

对于区域金融资本发展网络的分析不限于分析其网络特征，更为重要的是识别出各个板块在网络中扮演的角色，表4.4中给出了31个省、市、自治区所属板块。在板块Ⅰ中共有9个省、市、自治区，分别为北京市、上海市、新疆维吾尔自治区、吉林省、安徽省、河南省、黑龙江省、山东省、江西省；在板块Ⅱ中共有11个省、市、自治区，分别为山西省、河北省、甘肃省、陕西省、湖南省、内蒙古自治区、天津市、江苏省、湖北省、重庆市、四川省；在板块Ⅲ中共有6个省、市、自治区，分别为浙江省、广东省、辽宁省、海南省、福建省、西藏自治区；在板块Ⅳ中共有5个省、市、自治区，分别为广西壮族自治区、云南省、青海省、宁夏回族自治区、贵州省。

表 4.4　31 个省、市、自治区所属的板块

板块Ⅰ		板块Ⅱ	
序号	省份	序号	省份
1	北京市	4	山西省
9	上海市	3	河北省
31	新疆维吾尔自治区	28	甘肃省
7	吉林省	27	陕西省
12	安徽省	18	湖南省
16	河南省	5	内蒙古自治区
8	黑龙江省	2	天津市
15	山东省	10	江苏省
14	江西省	17	湖北省
		22	重庆市
		23	四川省
板块Ⅲ		板块Ⅳ	
序号	省份	序号	省份
11	浙江省	20	广西壮族自治区
19	广东省	25	云南省
6	辽宁省	29	青海省
21	海南省	30	宁夏回族自治区
13	福建省	24	贵州省

续表

| 26 | 西藏自治区 | | |

在确定了 31 省、市、自治区所属板块之后，根据板块成员数量、内部关系比例可以确定板块在区域金融发展网络中的角色，具体如表 4.5 所示。由表 4.5 可知，内、外部关系比例与表 4.1 中的板块界定条件不一致，因而进一步采用 CONCOR 方法得到网络的像矩阵，像矩阵如表 4.6 所示，从而确定板块之间的关联关系，如图 4.3 所示。

表 4.5　板块的内、外部关系比例

	板块成员	总关系数	接收板块外关系	实际内部关系比例	期望内部关系比例	接收到的关系比例
板块Ⅰ	9	55	151	20.37%	26.67%	55.93%
板块Ⅱ	11	105	69	31.82%	33.33%	20.91%
板块Ⅲ	6	24	26	13.33%	16.67%	14.44%
板块Ⅳ	5	16	0	10.67%	13.33%	0.00%

表 4.6　区域金融资本板块的像矩阵

	板块Ⅰ	板块Ⅱ	板块Ⅲ	板块Ⅳ
板块Ⅰ	0	1	1	1
板块Ⅱ	1	1	1	1
板块Ⅲ	0	0	0	0
板块Ⅳ	0	0	1	0

从图 4.3 可知，板块Ⅲ为净受益板块，其他三个板块均对其具有溢出效应；板块Ⅳ为中介板块，板块Ⅰ、板块Ⅱ均通过板块Ⅳ对板块Ⅲ产生溢出效应。从现实情况来看，板块之间的关联关系与现

实具有一致性。浙江省、广东省和福建省是中国经济发展水平较高的省份，金融资源具有逐利性，各省、市、自治区的资金向投资回报高的区域汇集符合市场机制。相较于其他板块中的省、市、自治区，在板块Ⅳ中的省、市、自治区的经济发展水平相对滞后，为了缩小发展差距，国家层面不遗余力地通过政策引导资金向欠发达地区注入，然而，在市场机制作用下，其中的资金又流向金融资本发展水平较高的区域，区域之间的发展差距反而扩大了。因此，如何尽可能多的将资金留在不发达的区域内、提升其资金使用效率是破解区域金融发展不平衡不充分的关键。

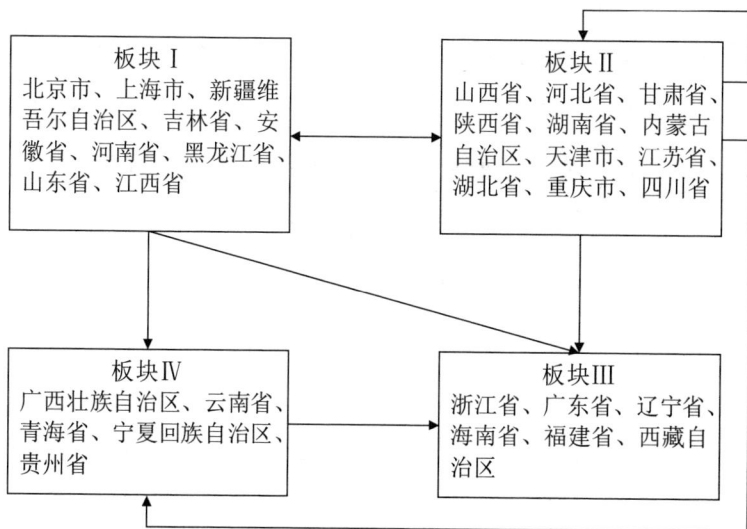

图 4.3　区域金融资本网络的板块关联关系

4.4 区域金融资本关联性的影响因素分析

在前文的分析中给出了中国区域金融资本的关联网络，本部分将通过二次指派程序（Quadratic Assignment Procedure，QAP），进一步分析是哪些因素促成了地理单元之间的关联性。QAP 方法是关系数据中最为常用的量化分析方法（刘军，2014）[118]，与经典线性模型不同，QAP 方法中的变量不是列向量，而是多维矩阵，因而经典线性模型中的假设条件对 QAP 方法不适用。QAP 方法有 3 个关键步骤，首先是将矩阵转化为长向量，然后进行常规的多元回归；其次，随机置换矩阵中的各行或者各列，按照第一步的方法，再次进行多元回归，保存系数估计值与拟合优度；最后，按照自助法的思路，重复上述步骤，估计统计量的标准差。

我们认为，区域金融资本发展水平的决定因素可以分为四大类：经济基础、产业结构、制度因素与空间区位，正是由于区域之间的经济基础、产业结构、制度因素与空间区位存在关联性，从而促成了区域金融资本发展之间的关联性。经济基础包括地区 GDP 规模、固定资产投资、居民消费、对外开放程度、财政支出、城市化率；产业结构包括第三产业占比、房地产业规模，制度因素以市场化程度为代理变量，空间区位以地理单元之间的相邻矩阵为代理变量，变量的定义如表 4.7 所示。

表 4.7 QAP 模型中的变量指标

符号	变量	定义
gdp	GDP	地区国内生产总值
investment	投资规模	地区全社会固定资产投资
consumption	居民消费水平	居民消费支出
openness	对外开放程度	进出口总额
expenditure	财政支出	地区财政支出
urbanization	城市化率	城镇人口/常住人口
structure	产业结构	第三产业规模/GDP
real_estate	房地产业规模	房地产业增加值/GDP
marketization	市场化指数	《中国分省份市场化指数报告（2001-2015）》（王小鲁、樊纲）
spatial	空间区位	相邻关系矩阵

按照 QAP 方法的估计流程，按照本研究的设定，区域金融资本的空间关联关系 R 满足以下方程：

$$R = f(gdp, investment, \cdots, spatial) \qquad (4.9)$$

式（4.9）中的所有指标数据都是关系数据，变量都是矩阵形式。变量的定义可以按照李敬等（2014）、郭美娟（2016）的处理方式，将任意两个地理单元的指标均值相减，本研究亦采用。为了便于表达，将自变量矩阵改写为

$$(gdp, investment, \cdots, spatial) = (x_1, x_2, \cdots, x_{10}) = X，具体赋$$

值方法如式（4.10）所示：

$$X_n = \begin{bmatrix} \ln\left(\overline{x}_{n,1}/\overline{x}_{n,1}\right) & \ln\left(\overline{x}_{n,2}/\overline{x}_{n,1}\right) & \cdots & \ln\left(\overline{x}_{31,1}/\overline{x}_{n,1}\right) \\ \ln\left(\overline{x}_{n,1}/\overline{x}_{n,2}\right) & \ln\left(\overline{x}_{n,2}/\overline{x}_{n,2}\right) & \cdots & \ln\left(\overline{x}_{31,1}/\overline{x}_{n,2}\right) \\ \vdots & \vdots & \cdots & \vdots \\ \ln\left(\overline{x}_{n,1}/\overline{x}_{n,31}\right) & \ln\left(\overline{x}_{n,2}/\overline{x}_{n,31}\right) & \cdots & \ln\left(\overline{x}_{n,31}/\overline{x}_{n,31}\right) \end{bmatrix}_{31\times31}$$

$$= \begin{bmatrix} 0 & \ln\left(\overline{x}_{n,2}/\overline{x}_{n,1}\right) & \cdots & \ln\left(\overline{x}_{31,1}/\overline{x}_{n,1}\right) \\ \ln\left(\overline{x}_{n,1}/\overline{x}_{n,2}\right) & 0 & \cdots & \ln\left(\overline{x}_{31,1}/\overline{x}_{n,2}\right) \\ \vdots & \vdots & \cdots & \vdots \\ \ln\left(\overline{x}_{n,1}/\overline{x}_{n,31}\right) & \ln\left(\overline{x}_{n,2}/\overline{x}_{n,31}\right) & \cdots & 0 \end{bmatrix}_{31\times31}$$

（4.10）

其中 $\overline{x}_n$ 为变量 x_n 的均值，$\overline{x}_n = \sum_{t=1}^{T} x_{t,n}\Big/T$，$n = 1,2,\cdots,10$。

为了确保样本数据在时间跨度上的一致性，在 QAP 方法的估计中，本部分将样本数据的区间设置为 2000-2018 年，所有名义数据都经过平减指数处理，QAP 方法的估计结果如表 4.8 所示。

QAP 回归分析的结果表明，在 5% 的置信水平上，在本部分所选择的变量中，经济基础、产业结构与空间区域对区域金融资本发展的关联性存在显著影响。首先，如果两个地理单元之间的固定资产投资差距、财政支出差距、城市化率差距、产业结构差距的扩大，两个地理单元之间的存在关联性的概率会减弱；其次，两个地理单元的消费差距扩大，能够增加两个地理单元的关联性，两个地理单元在空间区位上的关联性同样会促进两个地理单元在金融发展上的关联性。由估计结果可知，如果两个地理单元的经济发展程度、产业结构存在较大差距，那么两者存在关联性的可能就会降低。反之，如果两个地理单元的经济发展水平相近，且在区位上相邻，那么两个地理单元存在关联性的概率就会增加，可见区域金融资本发展存在"俱乐部"效应。由此可见，一个地理单元对另一个地理单元存在溢出效应是以两者的经济发展水平较为接近为前提，在政策的引导下，即使经济发达地区能够向欠发达地区注入资金，但如果两地区经济差距过大的话，在市场机制的作用下，所注入的资金又会不断回流。因此，对于欠发达区域而言，如何有效留住资金是充分发挥我国区域金融资本溢出效应的前提条件。

表 4.8　QAP 方法的估计结果

变量	系数（非标准化）	系数（标准化）	标准差	P 值
gdp	0.2752	1.0056	0.3144	0.1000
investment	-0.3000	-0.9313	0.2090	0.0245
consumption	0.3116	0.4616	0.2008	0.0205
openness	0.0351	0.2141	0.0494	0.1699
expenditure	-0.2857	-0.6142	0.1709	0.0080
urbanization	-0.6105	-0.5991	0.2742	0.0010
structure	-0.6162	-0.3371	0.3053	0.0010
real_estate	0.0808	0.3447	0.1338	0.2049
marketization	-0.1568	-0.2320	0.1612	0.0830
spatial	0.0671	0.0630	0.0334	0.0160

常数项	0.8124	0.0000	0.0000	0.0000

4.5 小结

本部分从四个方面对我国区域金融资本的关联特征进行了阐述：第一，基于政策导向与现实问题，提出研究目标，并对相关研究文献进行梳理，发掘可进一步完善的研究方向；第二，简要介绍社会网络分析方法以及在区域金融领域中的应用；第三，以1978—2018年的区域和省域金融发展数据为样本，构建区域金融资本关联网络，通过QAP（Quadratic Assignment Procedure，QAP）方法，分析区域金融资本关联性存在的现实基础；第四，以实证研究的结论为基础，结合中国区域金融发展的现实，提出了增强区域金融资本溢出效应、协调区域金融发展的政策建议。本部分的贡献主要有两个方面：（1）以1978—2018年的区域金融资本数据为样本，构建中国区域金融资本的网络结构；（2）以区域金融资本发展的网络为基础，通过QAP（Quadratic Assignment Procedure，QAP）方法，探析增强区域金融资本关联性的现实基础，提出增强区域金融中心资本溢出效应的措施。

具体来说，本部分以社会网络方法为工具，以 1978—2018 年的 31 个省、市、自治区的金融发展数据为样本，构建中国区域金融资本的关联网络，以关联网络为基础，通过块模型将 31 个省、市、自治区划分为 4 个板块。其中，北京市、上海市、新疆维吾尔自治区、吉林省、安徽省、河南省、黑龙江省、山东省、江西省为板块Ⅰ；山西省、河北省、甘肃省、陕西省、湖南省、内蒙古自治区、天津市、江苏省、湖北省、重庆市、四川省为板块Ⅱ；浙江省、广东省、辽宁省、海南省、福建省、西藏自治区为板块Ⅲ；广西壮族自治区、云南省、青海省、宁夏回族自治区、贵州省为板块Ⅳ。在四个板块中，板块Ⅲ为净受益板块，板块Ⅳ为中介板块，板块Ⅰ为净溢出板块，对其他三个板块均存在溢出效应。由板块模型可知，对于板块Ⅳ中的欠发达地区，板块Ⅰ与板块Ⅱ对板块Ⅳ均有溢出，但并未为其带来高速增长。为了缩小区域之间的发展差距，通过政策引导向欠发达地区注入大量资金，但所注入的资金在市场机制的作用下，又流向了金融发展水平较高的区域，区域之间的发展差距反而扩大了。针对该问题，进一步通过 QAP 方法探究深层次原因。QAP 方法的估计结果表明，如果地理单元之间的经济发展水平相距较大，地理单元之间存在关联性的概率会降低。由此可见，即使板块之间存在溢出效应，但如果板块之间经济发展水平的差距过大，存在"共生"式发展的可能性就会降低。

从现实来看，国家层面不遗余力地通过政策引导资金向欠发达地区注入，但金融资源的注入并未使其将金融资源转为内生增长动力，为其带来高速增长。因此，如何提升欠发达地区对金融资源的吸引，提高其使用效率是解决不平等不充分发展的关键问题。基于该问题，我们认为应从以下方面着手：

第一，从研究结果看，我国各个区域之间的金融资本关联网络的互联互通程度较高，溢出效应明显，因此国家在制定区域金融协调政策时应充分考虑这种溢出效应，畅通和提升各大板块之间的金融联通渠道，同时采取措施提升落后地区的资金吸引力，将会有力推动落后地区的金融发展。

第二，大力发展基础设施，改善地区之间的交通网络，"缩短"地区之间的空间区域，降低区域之间的交易成本，将会大大促进地理单元之间的关联性，加强资本在区域间的流动，增强发达板块向欠发达板块金融溢出的效率。

第三，打造西部金融中心，吸引金融资本"西进"，促进金融资源在西部地区的聚集，将会极大提升发达地区对西部落后地区的经济服务能力；同时，也为"一带一路"建设在西部地区提供一个金融桥头堡，集聚沿线各国的经济和金融资源为西部落后地区服务。

第四，为了能留住发达地区溢出的金融资本，国家还需对欠发达地区进行政策方面的大力扶持，如在利率、准备金率和再贴现率方面对欠发达地区进行金融政策优惠，对进入欠发达地区的金融机构和金融资本进行财政补贴，以此增强欠发达地区对金融资本的吸引力。同时，欠发达地区要大力发展自己的特色产业和优势产业，打造各个地区的特色金融服务链，才能留得住金融资本，避免资金回流。

5 我国银行信贷对区域经济发展的影响实证分析

我国资本的跨区域空间流动的主要表现形式是通过银行信贷资金渠道的存款和贷款在不同区域之间的调配来体现的，而且银行信贷资金的跨区域流动也最能体现一国资本的市场驱动机制，在我国各种资本里其对区域经济的影响也最大。所以本部分主要讨论我国银行信贷对区域经济发展的影响。

5.1 引言

我国的经济发展速度在改革开放后得以迅猛提升，国内生产总值开始成倍速度地增长，各个地区生产总值也有大幅增长。经济的高速增长离不开银行信贷规模的扩张，各个地区经济的发展长期依附于银行信贷市场的发展。在我国目前还不够完善的资本市场中，许多中小型企业或者新兴企业若想通过直接融资方式获取发展所需资金较为困难，银行信贷这一间接融资方式仍是大部分企业的必然选择。银行信贷作为一种间接融资方式，以其特有的优势在企业发展融资中影响重大，在当今的金融市场中仍然具有不可动摇的地位，对现代经济的影响也发挥着举足轻重的作用。

关于银行信贷对经济增长的影响方面国内外许多学者对其进行了研究。Gurley J D 与 Shaw E S（1955）[119] 通过研究得出，银行信贷与经济增长之间的关系是一种双向性质的因果关系。一方面，银行信贷资金会为经济的发展助力，促进经济的快速增长。另一方面，经济的增长将为银行信贷资金提供使用空间，为信贷资金创造再生利润提供机会。Greenwood 与 Boyan Jovanovic（1990）[120] 同样通过研究分析得到，银行信贷投放与经济发展之间是因果关系，并且存在正向相关性。他们提出，一般情况下，银行在决定将资金贷出前会对贷款对象进行仔细甄别和评估，即银行只会把资金贷给他们认为存在发展潜力和有足够还款能力的对象。所以，银行信贷资金的投放提高了资金的使用效益，刺激经济的发展，与此同时，经济的增长为银行增加信贷资金贷出规模和改善银行的信贷结构提供了有利的渠道。Bencivenga(1995) [121] 等一些金融界学者的看法是，经济增长的同时会对信贷市场以及资本市场提出相应的要求，即实现同步协调发展，使二者之间在发展水平上保证相互适应。反过来信贷资金投放规模的加大会对经济产生正向的促进作用，同样表明银行信贷资金的配给和经济的发展这两者之间是互为因果、互相促进的关系。Arestis 与 Demetrades (1997) [122] 将美国和德国作为研究对象，对两个国家的银行信贷投放和经济发展的联系进行深入分析，最终得出的两个结论完全不同，对美国的研究发现银行信贷资金的投放并没有对经济增长产生显著的促进作用，相反，经济的迅速发展使得美国的银行信贷规模较快速度扩张。对德国的研究得出，银行信贷资金总额的增长与 GDP 之间存在明显的正向关系，银行信贷对经济增长贡献程度较大，而经济的增长对银行信贷的发展影响很微弱。Rioja 和 Valev (2004) [123] 选取了 74 个不同的国家作为研究对象，基于这些国家 1966—1995 年的信贷投放数据和区域经济增长数据进行实证分析，他们根据 74 个国家的信贷资金投放规模将其分为低、中、高三个等级，最终得出：在银行信贷水平低的国家，信贷资金的贷出与区域经济增长之间的影响（相关性）不明显，在银行信贷水平高的国家，银行信贷资金贷出规模与区域经济增长是正向相关的，在银行信贷水平中等的国家前者对后者也是明显的正向促进作用，并且在银行信贷中等的国家这种影响程度要高于银行信贷水平高的国家。

而在国内，李广众、陈平 (2002) [124] 对全国各地的经济发展水平与银行信贷发展水平进行了研究，他们认为银行信贷规模的持续增长并不能得出经济也处于持续增长的结论，经过更为深入的分析，他们发现银行信贷与地区经济增长之间是没有直接联系的，银行信贷是作用于投资而对经济增长产生间接影响。银行信贷总额的增加会直接导致投资总额的增加，投资规模的扩大会在一定程度上刺激经济的增长，至于经济的增长水平以及这种刺激作用的显著程度则要取决于获取银行信贷资金的主体利用资金进行投资而获得的经济效益。杨国中、李木祥（2004）[125]揭示了我国的银行信贷资本具有明显从欠发达地区向发达地区流入的趋向，使得经济发达地区的信贷资本积累越来越多，而经济落后地区的信贷资金缺乏、投资不足，信贷资金的分配不均导致银行的信贷资金总体配置效率十分低下，抑制了部分地区区域经济的发展，区域经济的发展差距日益扩大。周好文、钟永红（2004）[126]在对相关数据进行处理后，利用多变量 VAR 计量模型，对地区金融中介的发展状况和区域经济发展之间的关系进行研究，得出结论认为各个地区的金融中介机构的发达程度与区域经济存在显著相关性，因此国家应调整我国的贷款结构，合理配置银行信贷资金的同时扩大非国有贷款所占比重，缩小我国中西部地区与东部发达地区之间的差距。刘浏（2006）[127]同样通过实证分析，肯定了银行信贷对经济发展的积极作用，但是其指出这种积极作用呈现下降趋势，我国的信贷资金整体利用效率较低，国有信用贷款对经济的刺激作用减缓，而中小型非国有金融机构的信贷资金对经济的影响更为迅速，应当合理调整国有与非国有信贷资金的结构，提高信贷资金带来的经济和社会效益。叶光毓（2008）[128]认为我国各区域之间的经济发展水平差异大，很大程度上是因为区域信贷配给的差异，区域信贷资金的配给会对区域经济增长速度产生直接影响。东部地区信贷资金集中而中西部地区信贷总额相对缺乏的现状应当及时得以改善，从整体上完善银行信贷区域配给的相关机制，实现各区域平衡发展。潘敏和缪海斌（2010）[129] 运用我国 2005 年以来的银行信贷投放总额、物价指数以及衡量经济发展的相关数据进行实证分析，发现银行信贷的区域投放对经济的正向作用会逐渐弱化，并且其发现银行信贷投放对短期物价会产生负向作用，对长期物价产生正向作用，而在当时国际金融危机这一大背景下，银行信贷的大量供给对我国经济迅速回暖有着重大贡献。

从上述研究可以看出，在对信贷与经济增长之间的关系这一论题的研究上，国内外研究学者所得出的结论在总体上是相符的。其一致性在于，研究结论都表明信贷资金的投放与经济的增长存在正向相关性，信贷资金对经济发展能够起到有效的推动作用。但是，国内外学者对该问题的研究也有一定的差异性。一是在研究对象上，国外学者的研究对象跨越了国界以国家为单位，比如 Arestis 与 Demetrades 将美国和德国两个国家作为研究对象，研究两个国家银行信贷的投放与经济增长之间相互作用的差异性。Rioja 和 Valev 选出 74 个不同国家为研究对象，得出信贷发展水平不同的国家，信贷资金贷出对国民经济的影响显著程度不同；国内学者的研究主要基于我国 31 个省市以及东中西部三大地区的相关数据，更多的是关注信贷对国内各地区经济增长的影响；二是在研究内容方面，外国学者对于信贷资金的地区性配置差异，与信贷资金对区域经济的影响程度缺少关注；国内学者对这一论题的研究有着更为深入的分析，从我国的实际情况出发，对我国的信贷资金的区域分配、信贷结构、信贷资本的配置效率以及信贷对物价的影响等进行了更为比较细的剖析，且国内学者对于协调信贷资金的地区配置以缩小地区经济差距，从而实现均衡化发展这一方向的关注度较高；三是在研究成果方面，国外学者更多地揭示的是信贷与经济增长之间的双向性质的因果关系，在承认信贷投放对经济增长的正向作用的同时，也强调了经济的增长对改善信贷结构和信贷规模、促进信贷市场发展等的积极作用；而国内学者更多地侧重于信贷对区域经济的影响，即对于单方向影响的研究。但也有个别学者认为信贷资金的投放对经济发展没有明显促进作用，而现阶段我国信贷资金对区域经济的影响到底怎样，影响程度有多大很值得我们去探讨。

　　基于此，本部分以东中西部 31 个省市为研究对象，利用 1990—2017 年的银行年末贷款总额和东中西部三大地区 GDP 面板数据，分别对东、中、西部地区的银行信贷与区域经济之间的关系进行实证分析，从中发现我国银行信贷资金所带动的资本流动与区域经济发展之间的内在联系，并通过研究其影响过程提出充分利用银行信贷来刺激各个地区经济均衡化发展的相关策略。

5.2 资本流动对区域经济发展的影响机制分析

新古典经济学认为，生产要素跨区域流动一般会导致区域间的经济差距缩小，如果各个区域的开放程度越高，区域间的生产要素流动越快，区域间经济增长收敛的可能性越大。但这是建立在自由竞争市场以及区域间生产要素充分流动的假设前提基础上的，而在现实经济中，生产要素如资本一般不具有充分流动性，因为资本有避险需求以及对预期潜在收益率的追求，很多资本都愿意聚集在规模大或者机会多的区域，资本不会充分流动，跨区域流动导致区域间资本收益率相等的推论在现实上很难成立。

事实上，现实中存在大量的地区之间资本收益率不均等的现象。根据空间经济学理论的分析，决定区域间资本流动与否的是区域经济的聚集力和分散力，而且区域间资本流动会对区域经济发展产生重要影响：一般来说，市场规模较大的区域会吸引资本和劳动力的流入，而生产要素向市场规模较大的地区转移，会产生较好的本地市场效应和价格指数效应，形成聚集力，进一步吸引资本和劳动力等生产要素向该地区流动，从而引发企业或产业的区域集聚，区域间经济差距变大。随着资本等生产要素集聚程度的增加，该区域的市场拥挤效应也会增大，排斥力相应增大，但在这时期，地区经济差距还会进一步变大，直到该区域的聚集力与排斥力相互平衡时，区域间的经济差距到达最大点，此时资本不再向市场规模大的区域流动，该区域的企业集聚数量也达到最大值。如果拥挤效应继续增大，区域的排斥力大于聚集力的话，资本则从市场规模大的区域流出，向其他落后地区扩散，从此时开始，区域间的差距将会向逐渐缩小的方向发展。

我们用数理模型对资本跨区域流动影响区域经济发展的机制进行分析和论证。

假设 A、B 两个区域，A 为相对发达地区，B 为相对落后地区。其中，A 地区的劳动力数量为 L_A，B 地区的劳动力数量为 L_B，A 地区和 B 地区的总人口都等于其劳动力的数量，K_A、K_B 分别表示 A 地区、B 地区的资本数量。两地区之间商品可以自由流通，而初期的资本与劳动力都不能流动。

A 地区第 t 期的总收入可以表示为：$Y_A = \omega L_A + K_A$，其中 ω、r 分别为 A 地区的单位劳动、单位资本的报酬或产出，如果商品自由流动使 A 地区和 B 地区的要素报酬相等，那么 B 地区第 t 期的总收入就可以表示为 $Y_B = \omega L_B + K_B$，则 A、B 两地区第 t 期的人均收入分别为：

$$\frac{Y_A}{L_A} = r\frac{K_A}{L_A} + w \quad (5.1)$$

$$\frac{Y_B}{L_B} = r\frac{K_B}{L_B} + w \quad (5.2)$$

此时 A 地区和 B 地区的人均收入差距为：

$$D_t = r\left(\frac{K_A}{L_A} - \frac{K_B}{L_B}\right) \quad (5.3)$$

（5.3）式表明：两地区间的人均收入差距取决于要素禀赋差异，资本相对丰富地区比劳动力相对丰富地区的人均收入要高，这与现实经济情况相符。

现假设资本开始流动而劳动力不流动，ΔK 为 t+1 期间从 B 地区向相对发达的 A 地区流动的资本规模，则 t+1 期两地的总产出分别为：

$$\Gamma_A = r(K_A + \Delta K) + w L_A \quad (5.4)$$

$$\Gamma_B = r(K_B - \Delta K) + w L_B \quad (5.5)$$

一般来讲，从 B 地区流入 A 地区生产活动的资本 ΔK 所创造的收入为 $r\Delta K$，其中一部分会支付给 B 地区的资本所有者，这部分构成 B 地区总收入的一部分，可以表示为 $a \Delta K$（$0 \leqslant a \leqslant 1$）。则 A、B 两地区 t+1 期的总收入分别为：

$$Y_{A,t+1} = r(K_A + \Delta K) - a\,\Delta K + w_A \qquad (5.6)$$

$$Y_{B,t+1} = r(K_B - \Delta K) + a\,\Delta K + w_B \qquad (5.7)$$

此时 A、B 两地区的人均收入分别为

$$\frac{Y_{A,t+1}}{L_A} = r\frac{K_A + \Delta K - a\Delta K}{L_A} + w \quad (5.8)$$

$$\frac{Y_{B,t+1}}{L_B} = r\frac{K_B - \Delta K + a\Delta K}{L_B} + w \quad (5.9)$$

可见，t+1 期 A、B 两地区间的人均收入差距为：

$$D_{t+1} = r(\frac{K_A}{L_A} - \frac{K_B}{L_B}) + r(1-a)\Delta K(\frac{1}{L_A} + \frac{1}{L_B}) \quad (5.10)$$

$$即：D_{t+1} = r\left(\frac{K_A(t)}{L_A(t)} - \frac{K_B(t)}{L_B(t)}\right) + r(1-a)\Delta K(t)\left(\frac{1}{L_A(t)} + \frac{1}{L_B(t)}\right)$$

$$(5.11)$$

将 (5.10) 式与 (5.3) 式综合，（5.11）式可进一步表示为：

$$D_{t+1} = D_t + r(1-a)\left(\frac{1}{L_A(t)} + \frac{1}{L_B(t)}\right)\Delta K(t) \qquad (5.12)$$

$L_A(t)$、$L_B(t)$ 分别表示第 t 期 A 地区、B 地区的劳动力数量，$K_A(t)$、$K_B(t)$ 分别表示第 t 期 A 地区、B 地区的资本数量。

由（5.12）的最终模型可知，资本从落后地区向发达地区流动会加大两地区的人均收入差距，流动的规模越大，地区间的人均收入差距也会扩大。同理，如果资本反向流动，发达地区向落后地区流动，此时 ΔK 为负，就会缩小两地区的人均收入差距。所以，区域间资本流动对区域经济发展有重要影响。

5.3 银行信贷对区域经济的影响作用

5.3.1 银行信贷对区域经济的直接影响

银行信贷主要从以下两方面对区域经济发挥直接影响：

（1）影响区域经济的增长速度。银行信贷作为金融市场中极其重要的间接融资方式，是各区域企业和个人获取发展所需融资的重要渠道，在区域经济发展中具有不可或缺的作用。如果把我国整个的国民经济增长和东中西部区域经济发展视作整体和部分的关系，可分别从部分和整体两个方面来分析银行信贷对区域经济存在的直接影响。从部分的视角来看，因为国家当局会根据市场需求对一定时期内商业银行的信贷资金发放总规模进行管控，因此可以把各个地区的信贷资金视作该地区发展经济的资本，而信贷资本在不同地区的调配就可以看作资本的流动。倘若一个地区的信贷资本流入不足，那么当地的企业和居民均无法获得足额的信用贷款，区域经济发展的原始社会财富总量不足，受基数效应的影响，该地区的经济增长速度将逐渐放缓；反之资本流入充足，将为区域经济发展注入活力，刺激经济快速增长。从整体的视角看来，受政策、资源和经济环境等的影响，我国银行信贷资本在相当一段时期向东部发达地区集中，银行信贷资金在其当期的社会发展财富总额中占有极高的比重，充分发挥了银行信贷对区域经济增长的杠杆作用。与此同时，信贷资本的东部集中，意味着中西部地区欠发达地区信贷资源的短缺，抑制了区域经济增长速度。当然，该讨论情形是在区域信贷资金规模未饱和的情况下，如果一个区域内的信贷资金饱和的话，就会溢出和扩散。

（2）影响区域投资规模及效益。银行信贷主要从企业融资和个人消费信贷两个层面来影响区域投资，从而直接作用于区域经济。我国企业发展对银行信贷的依赖程度较高，因此即使是一些发展潜力较大的企业，如果不能从银行得到足额的信贷支撑，企业就会考虑到内部资金周转压力而被动地缩小投资规模，从而降低了区域投资效益；当企业自身发展投资规模被局限，许多大型的项目将停滞不前，企业投资的社会效益也会下降；而区域银行信贷不足，地区居民会因为无法获取足够的消费贷款而降低消费总需求，一方面需求不足会导致生产者最终减少生产投资，另一方面人民对预期市场缺乏信心，更愿意将手中持有的资金存入银行，将进一步降低区域的投资规模及效益。

5.3.2 银行信贷对区域经济的间接影响

银行信贷也会对区域经济发展起间接影响的作用：

（1）影响区域经济的均衡发展。我国银行信贷对区域经济的均衡发展有着重要影响，这可以分为两个阶段来看：第一个阶段是1978年改革开放后的一段时期，由于很多新兴改革政策选择在东部地区进行试点，加上东部地区本就在地理位置、本身资源状况等方面具有先天优势，使东部成为最先最快受益于改革开放的地区。银行为了获取更多的贷款利息收入，更愿意将信贷资金投入具有更大发展潜力的东部地区，从而为东部地区的发展提供了充足的资金，为该区域的经济发展的良性循环助力。而对于中西部欠发达地区而言，本身在发展条件上就处于劣势，经济增长缓慢，加上银行资本的趋利性，银行将大量的信贷资本投入东部地区，加剧了欠发达地区获取银行信贷资金的难度，地区的企业和个人对投资预期持比较消极的态度，投资规模不足使地区经济增长乏力。发达地区经济日益发达，欠发达地区则愈发落后，使我国区域经济发展不均衡程度加剧，地区经济发展差距逐渐增大；第二个阶段是临近研究当期的这一时期，东部地区市场逐渐饱和，大量的信贷资金累积使东部地区承受着超额的利息负担，在政府政策的引导下，这些超额的信贷供给逐渐流向中西部发展潜力更大的地区，这将大大促进中西部尤其是西部落后地区经济的发展，从而使区域之间的贫富差距缩小，区域经济发展的均衡程度得到提升。

（2）影响货币政策的区域经济效果。人民银行为了达到一些特定经济目标，推行的涉及货币的总供给及信贷的投放政策即货币政策，国家会根据国民经济发展在不同时期的实际需求，制定与之相适应的货币政策。银行信贷对货币政策传导效应的影响主要表现为国家实施某种货币政策的效果会因为银行信贷的存在而得以强化。当国家当局实行较为宽松的货币政策时，意味着人民银行会增加社会流通领域货币的总供给，银行信贷投放规模扩大，商业银行不仅可以满足东部发达地区的信贷需求，获取较高的贷款收益，而且可以将多余的信贷资金调入中西部欠发达地区，改善这些落后地区的投资环境，实现在发达地区的拉动下，东中西部地区协同加速发展。通过银行信贷的调节，扩张性的货币政策对经济的刺激作用得以强化。当国家当局实行紧缩的货币政策时，流通领域的货币总量会大大减少，随之银行也会在政策引导下控制贷款发放，东部发达地区获取贷款的难度加大，则中西部地区获得银行信贷资金的难度将更大，甚至会导致中西部信贷资本向东部发达地区流走，对于本就经济发展比较落后的地区而言，紧缩性的货币政策的政策效果对区域经济发展的抑制作用将进一步强化，区域经济发展更加不协调。所以，通过银行信贷在地区之间的配置所带动的资本流入流出会强化国家当局宏观政策的实施效果，进而对区域经济的发展产生间接性的影响。

5.4 我国银行信贷与区域经济的发展现状分析

5.4.1 银行信贷的区域发展分析

银行信贷资金在我国不同区域之间的分配主要表现在各地区银行存贷款总量的不同分配，其流动形式主要有银行间的同业拆出与拆入、资金的汇出与汇入以及银行各项存贷款的差额。由于贷款总量比存款总量更能反映银行资本的市场流向，我们通过分析各个区域的金融机构年末贷款总额演变过程来对区域间信贷资本流动的总体格局进行大概分析，同时也可以以此来间接推算区域间信贷资本的流动规模。

表 5.1　1982—2017 年东中西部金融机构年末贷款总额

单位：亿元　比重：%

年份	东部		中部		西部	
	总额	比重	总额	比重	总额	比重
1982	1659.05	52.04	927.46	29.09	601.54	18.87
1983	1888.43	52.38	1048.80	29.09	668.03	18.53

续表

1984	2534.71	52.64	1389.61	28.86	890.48	18.49
1985	3118.87	52.48	1686.85	28.39	1136.77	19.13
1986	4065.32	52.30	2163.37	27.83	1545.10	19.88
1987	4971.12	53.32	2490.65	26.71	1862.02	19.97
1988	5833.92	53.38	2909.32	26.62	2186.55	20.01
1989	6793.43	53.28	3351.76	26.29	2605.98	20.44
1990	8289.89	52.11	4371.26	27.48	3247.18	20.41
1991	9915.58	51.63	5275.33	27.47	4015.12	20.91
1992	12216.29	52.01	6311.88	26.87	4960.68	21.12
1993	15118.21	51.85	7831.44	26.86	6208.37	21.29
1994	18637.79	51.61	9578.54	26.52	7899.20	21.87
1995	25291.97	53.54	11950.90	25.30	10000.75	21.17
1996	30614.00	53.39	14680.23	25.60	12047.49	21.01
1997	37447.22	54.88	17408.31	25.51	13379.04	19.61
1998	43114.53	55.44	19761.55	25.41	14892.97	19.15
1999	48871.22	56.16	21394.59	24.59	16750.53	19.25
2000	54338.51	57.51	22628.48	23.95	17521.19	18.54
2001	62013.66	58.58	24542.48	23.18	19314.38	18.24
2002	74907.24	60.03	27751.06	22.24	22127.47	17.73
2003	93542.36	61.61	31962.04	21.05	26316.55	17.33
2004	107013.79	62.35	34972.41	20.38	29641.42	17.27
2005	119029.86	63.51	36146.26	19.29	32229.51	17.20
2006	138223.24	62.83	44346.71	20.16	37419.91	17.01
2007	161051.94	63.12	50408.77	19.76	43679.42	17.12
2008	185912.75	64.09	52645.49	18.15	51504.75	17.76
2009	249546.62	63.73	71013.33	18.14	70999.50	18.13
2010	313512.08	64.37	85315.05	17.52	88238.15	18.12
2011	355907.40	63.59	99080.05	17.70	104732.79	18.71
2012	396518.75	62.50	114255.20	18.01	123644.97	19.49
2013	446338.74	61.75	131593.19	18.21	144867.87	20.04

2014	502109.83	60.86	152840.59	18.53	170023.08	20.61
2015	557969.49	53.34	177223.82	16.94	310943.80	29.72
2016	623869.64	59.54	205244.54	19.59	218679.97	20.87
2017	649710.17	57.63	231256.70	20.51	246359.03	21.85

资料来源：根据历年国家统计局发布的相关数据计算得到。

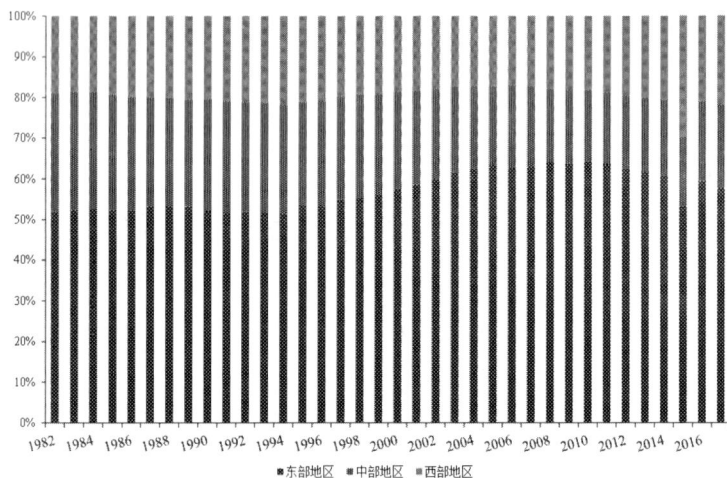

图5.1 东中西部金融机构年末贷款总额所占比重变化

由表5.1可看出，从1982年到2017年东中西部地区的金融机构年末贷款余额总体上都是呈上涨趋势，信贷总规模从1982年的3188.05亿元增长到2017年的1127325.9亿元，总体信贷额增长了350倍以上的规模，并且我国东部地区的银行信贷发展速度要远远快于中西部区域。从图5.1来看，东部地区金融机构的年末贷款在全国占比从1982年以来一直在50%以上，其中在1982—1993年这段时期东部地区的信贷资本总额占全国信贷总规模的比重保持在 50% 多一点，但 1994 年以后，随着国家对金融、财政经济方面的改革越来越重视，经济发展随着改革进程的推进而迎来更好的趋势，东部地区随着经济的快速发展，全国信贷资本向东部聚集，银行信用贷款总额快速增长，逐渐超过中西部地区的银行信贷规模之和，在 2010 年东部地区金融机构贷款占比达到最高 64.37%；但是近几年东部地区的信贷资金规模有略微下降的趋势，呈溢出和扩散状态，主要有两方面的原因：一是东部地区长期以来占据的信贷资本比例高，信贷资金的供给远远超过实际需求，很大一部分资金并没有得到充分利用，而资本的累积会增加银行的利息成本，因此东部发达地区的信贷资本逐步向不发达地区转移；二是国家对区域经济的均衡发展更加重视，在西部大开发战略实施后，中部崛起战略和"一带一路"倡议等一些对中西部欠发达地区有利的政策得以推行，许多银行类金融机构在这些政策的牵引下更加主动地向这些地区投放信贷资金。中部地区的贷款总额占比一直以来基本处于居中水平，但是从图 5.1 中可见，中部地区信贷规模占比一直呈缓慢下降的趋势，从 2010 年开始西部的占比已经赶超中部，中部地区信贷资本的流入处境不太乐观。总体来说，银行信贷资金受市场趋利性影响主要流向收益率高的东部发达地区，东部地区的信贷总额始终占信贷总额一半以上，中部地区的银行信贷占比长期处于下跌状态直至 2010 年才止跌，西部地区信贷规模占比呈上涨趋势，发展前景较好。从银行信贷资本的流动趋势来看，要实现区域资本的均衡发展还需较长一段时间，但出现了一些积极信号。

5.4.2 我国区域经济发展现状分析

5.4.2.1 东中西部地区的 GDP 发展情况

在这里为了分析我国区域经济的发展态势，我们主要以常用指标 GDP 来衡量我国东中西部三大区域的经济发展状况。

表 5.2　1979—2018 年东中西部地区 GDP 及比重变化

单位：亿元 比重：%

年份	东部		中部		西部	
	总额	比重	总额	比重	总额	比重
1979	1956.57	49.70	1172.96	29.80	806.98	20.50
1980	2202.62	50.15	1300.76	29.62	888.81	20.24
1981	2402.67	50.07	1432.15	29.84	964.07	20.09
1982	2678.82	50.20	1567.72	29.38	1090.16	20.43
1983	2987.77	49.84	1789.89	29.86	1217.36	20.31
1984	3602.05	50.48	2110.57	29.58	1422.80	19.94
1985	4397.56	51.05	2511.67	29.16	1704.33	19.79
1986	4939.94	51.11	2819.31	29.17	1905.46	19.72
1987	5938.23	51.76	3311.63	28.86	2223.27	19.38
1988	7612.90	52.49	4069.77	28.06	2821.24	19.45
1989	8658.96	52.51	4599.76	27.89	3232.42	19.60
1990	9568.57	51.80	5159.84	27.94	3741.96	20.26
1991	11242.42	52.94	5689.66	26.79	4302.50	20.26
1992	14114.38	54.30	6797.75	26.15	5080.03	19.54

1993	19203.64	56.09	8588.25	25.08	6446.88	18.83
1994	25283.64	55.70	11643.31	25.65	8464.96	18.65
1995	32639.36	56.73	14414.87	25.05	10481.00	18.22
1996	37834.18	55.21	18182.80	26.53	12516.68	18.26
1997	42548.87	55.29	20543.13	26.69	13864.61	18.02
1998	46211.50	55.82	21921.37	26.48	14647.38	17.69
1999	49610.95	56.59	22706.16	25.90	15354.02	17.51
2000	55689.58	57.29	24865.17	25.58	16654.62	17.13
2001	63610.30	58.60	26207.84	24.14	18735.10	17.26
2002	71176.66	59.03	28680.58	23.79	20718.38	17.18
2003	82967.41	59.58	32590.36	23.40	23696.31	17.02
2004	99494.72	59.37	39488.97	23.56	28603.48	17.07
2005	118575.48	59.52	46545.14	23.37	34085.72	17.11
2006	138502.11	59.49	53967.49	23.18	40345.73	17.33
2007	165194.03	59.05	65359.77	23.36	49182.48	17.58
2008	194085.16	58.23	78781.03	23.64	60447.77	18.14
2009	211886.90	58.00	86443.31	23.66	66973.48	18.33
2010	250487.94	57.31	105145.56	24.06	81408.49	18.63
2011	293581.45	56.30	127624.70	24.48	100234.96	19.22
2012	320738.47	55.63	141908.57	24.61	113904.80	19.76
2013	351978.25	55.49	155410.89	24.50	126956.18	20.01
2014	378727.46	55.34	167522.17	24.48	138099.79	20.18
2015	401651.69	55.57	176097.26	24.36	145018.92	20.06
2016	432433.34	55.44	190808.46	24.46	156828.17	20.10
2017	471244.71	55.63	207333.82	24.47	168561.57	19.90
2018	506311.40	55.35	224094.20	24.50	184302.10	20.15

资料来源：根据历年国家统计局发布的相关数据计算得到。

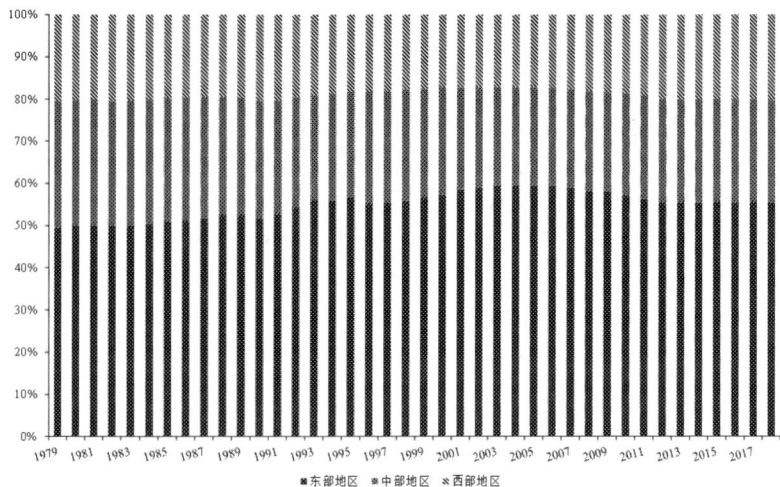

图 5.2 东中西部地区 GDP 所占比重变化

从表 5.2 和图 5.2 可以看出，在 1979 年到 2018 年间，除了个别年份波动异常外，东部地区的 GDP 全国占比总体上呈现上涨趋势。尤其从 1996 年开始东部地区 GDP 占比增长较为迅速，在 2003 年达到最大值为 59.58%，其后呈逐渐缓慢回落状态，最近七年都稳定在 55.5% 左右。

中部地区的 GDP 全国占比从 1979—2006 年以来一直呈下跌趋势，直到 2006 年以后才掉头向上递增发展，这应该得益于国家 2004 年提出而 2006 年正式落地的"促进中部地区崛起"战略。中部区域 2017 年的地区 GDP 是 20 万亿元，其在全国 GDP 中占的比重是 24%，2018 年的占比基本上与上一年是持平的，中部地区在该年的 GDP 比重相对于 2017 年上升了 0.03 个百分点。

从 1979 年到 2018 年西部地区的 GDP 占比情况变动不大，但从表 5.2 可见，西部地区的地区生产总值从 1979 年的 806.98 亿元增长至 2018 年的 18.4 万亿元，增长了约两百倍左右，地区生产总值的增长程度是较高的，且西部地区的地区生产总值比重曲线从 2000 年开始波动幅度更为明显，表现有良好的增长趋势，究其原因是从 2000 年后国家正式实施西部大开发战略。西部地区在 2018 年的地区 GDP 是 18.4 万亿元，在全国的区域比重中比 2017 年上涨了 0.25 个百分点。

总的来说，我国东部地区对经济发展的贡献最大，东部地区 GDP 占的比重从 1984 年以后开始就一直高于 50%，相比之下，中西部地区的区域发展速度在很大程度上比东部地区要慢，进而致使三大地区的经济发展失衡。从 2010 年开始，三个地区的 GDP 占比情况开始出现较为明显的变动，这与我国一系列区域经济均衡发展战略的实施有关。该阶段我国逐渐放缓对经济发展的高速度追求，转向高质量发展，经济增幅趋向于更为平稳状态，更注重各区域经济的综合平稳发展，进入到以中等速度发展的一个时期。

5.4.2.2 东中西部地区的固定资产投资情况

地区的固定资产投资总额主要反映的是该地区的企业在某一时期中用于投资建设与置办固定资产的费用等一系列的支出，它可作为衡量该地区企业固定资产的规模、投资比例以及使用方向的一项综合性指标，是企业资本的重要组成成分，同时也是企业长期发展与规模扩张的重要支撑，在一定程度上反映了该地区的经济增长潜力。同时，我们作为后面模型的解释变量在这里做一下简单分析（详细分析见本书第二部分）。

我国区域经济增长对固定资产投资的敏感程度较高，经济的增长有着明显的高投资推动特征，具体表现为在三大地区的发展过程中对于固定资产投资资金的需求。该投资领域对资金的需求量庞大，而相当一段时期内我国的股票、债券市场不够发达，各地区固定资产投资对银行信贷的融资依赖程度高，因此通过固定资产投资总额这一指标来间接表现银行信贷对区域经济的增长的影响是可行的。

表 5.3 1979—2017 年东中西部地区固定资产投资总额

单位：亿元 比重：%

时间	东部地区		中部地区		西部地区	
	总额	比重	总额	比重	总额	比重
1979	318	49.86	172	27.07	147	23.07
1980	391	49.80	216	27.45	179	22.75
1981	491	54.11	240	26.50	176	19.39
1982	612	52.82	326	28.14	221	19.04
1983	685	51.46	394	29.56	253	18.98
1984	872	50.70	518	30.10	330	19.20
1985	1275	51.55	704	28.45	495	20.00
1986	1523	53.32	797	27.88	537	18.79
1987	1891	55.02	916	26.67	629	18.31
1988	2376	56.49	1082	25.72	748	17.79
1989	2168	56.21	960	24.88	729	18.90
1990	2345	55.90	1048	24.98	802	19.12

续表

1991	2927	56.19	1263	24.25	1018	19.55
1992	4477	59.07	1701	22.45	1400	18.48
1993	7456	61.46	2494	20.56	2182	17.98
1994	10031	62.55	3278	20.44	2728	17.01
1995	12226	62.58	4097	20.97	3214	16.45
1996	13757	61.47	4933	22.04	3692	16.49
1997	14915	60.56	5454	22.14	4261	17.30
1998	16740	59.24	6273	22.20	5246	18.56
1999	17604	58.70	6695	22.32	5692	18.98
2000	19206	58.05	7450	22.52	6430	19.44
2001	21358	57.49	8376	22.55	7417	19.96
2002	24847	57.46	9631	22.27	8760	20.26
2003	32727	58.77	11885	21.34	11077	19.89
2004	41890	58.96	15285	21.51	13872	19.52
2005	52197	58.00	19861	22.07	17931	19.93
2006	60812	55.52	26313	24.02	22414	20.46
2007	72787	53.25	35029	25.63	28863	21.12
2008	87963	51.33	46384	27.07	37020	21.60
2009	108753	48.73	62749	28.12	51675	23.15
2010	132504	48.09	78577	28.52	64478	23.40
2011	149077	47.81	86118	27.62	76631	24.57
2012	173759	47.14	105821	28.71	89009	24.15
2013	204205	46.34	127173	28.86	109261	24.80
2014	231143	45.70	145418	28.75	129191	25.54
2015	250025	44.93	166006	29.83	140417	25.23
2016	259615	43.19	184277	30.66	157195	26.15
2017	275588	43.33	190715	29.99	169715	26.68

资料来源：根据历年国家统计局发布的相关数据计算得到。

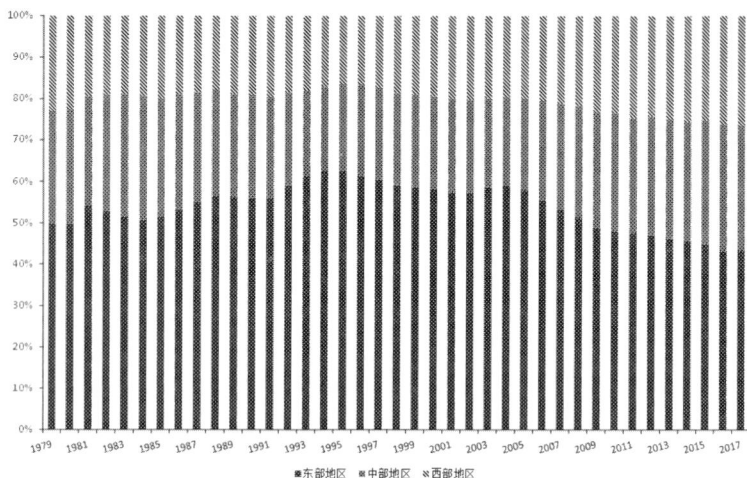

图 5.3 东中西部地区固定资产投资所占比重变化

如图 5.3 所示，从 1979—2008 年东部地区的固定资产投资额占比基本保持在 50% 以上，并且在 1994—1997 年其占比达到顶峰，这是在当时我国实行市场经济改革的背景下，东部地区作为改革试点率先发展起来，投资作为经济的重要板块被迅速带动起来，因此该时期东部地区该指标占比要远远高于中西部地区；中部地区的固定资产投资总额占比从 2004 年开始进入明显增长阶段，这与我国在 2004 年提出的"中部崛起"计划对中部地区的带动有着密切联系；西部地区在 2000 年国家提出"西部大开发战略"后，西部地区成为国家重点支持地区，经济发展享有政策上的多重倾向，地区的投资总额开始以较快的速度上涨，区域投资规模逐步扩张。

5.4.2.3 东中西部地区的财政收入情况

地区的财政收入在很大程度上反映了一个地区的经济发展情况和经济活力。同时，一个地区的财政收入对该地区下一年的经济发展也会带来影响，所以我们作为后面模型的解释变量在这里做一下分析。

表 5.4　1979—2017 年东中西部地区地方财政一般预算收入

单位：亿元　比重：%

时间	东部地区		中部地区		西部地区	
	总额	比重	总额	比重	总额	比重
1979	583.14	64.76	218.38	22.11	98.97	10.02
1980	595.49	68.34	185.02	19.29	90.81	9.47
1981	591.88	68.90	186.56	19.68	80.57	8.50
1982	582.48	67.47	189.29	19.90	91.57	9.63
1983	571.84	64.85	208.94	21.57	100.96	10.42
1984	621.27	64.11	231.22	21.91	116.52	11.04
1985	743.89	63.96	286.98	22.95	132.1	10.57
1986	810.64	62.13	341.2	24.51	152.89	10.98
1987	869.98	60.18	394.25	25.73	181.4	11.84
1988	927.85	58.31	441.45	26.33	221.94	13.24
1989	1056.82	57.22	515.71	26.70	274.33	14.21
1990	1088.57	55.81	537.01	26.41	324.9	15.98
1991	1255.83	55.81	612.15	26.24	382.26	16.39

1992	1365.78	56.39	634.08	25.32	422.09	16.86
1993	1917.75	56.76	837.18	24.20	623.55	18.02
1994	466.14	32.20	626.1	43.25	355.15	24.55
1995	525.78	30.23	802.03	45.50	435.87	24.27
1996	528.91	25.17	809.81	46.00	572.48	26.34
1997	2717.43	60.10	1144.52	24.84	659.62	14.32
1998	3012.01	60.43	1223.04	24.13	748.9	14.78
1999	3464.79	61.82	1330.88	23.39	808.8	14.21
2000	4094.06	63.91	1426.81	21.98	885.18	13.63
2001	5184.47	66.44	1596.19	20.23	1022.62	12.96
2002	5693.72	66.24	1739.13	20.03	1162.66	13.39
2003	6559.85	66.60	1983.01	19.96	1307.14	13.15
2004	7695.94	65.81	2449.08	20.79	1548.36	13.14
2005	9913.37	66.60	3066.54	20.48	1904.33	12.72
2006	12004.62	65.59	3925.53	21.35	2373.42	12.91
2007	15554.38	65.98	4843.95	20.47	3174.3	13.42
2008	18604.21	64.94	6055.49	21.07	3990.09	13.89
2009	20998.83	64.41	7019.21	21.47	4584.54	14.02
2010	25782.23	63.48	8799.37	21.62	6031.45	14.82
2011	32331.99	61.53	11700.48	22.23	8514.64	16.18
2012	36950.52	60.50	14083.8	23.03	10043.98	16.42
2013	41413.98	60.01	16190.83	23.43	11406.36	16.51

续表

2014	45429.33	59.87	17838.22	23.48	12609.04	16.60
2015	50108.78	60.37	19159.11	23.06	13734.12	16.53
2016	53783.6	61.65	19763.29	22.63	13692.46	15.68
2017	56503.20	61.77	20497.30	22.39	14468.94	15.8

数据来源：国家统计局网站和《中国统计摘要》。

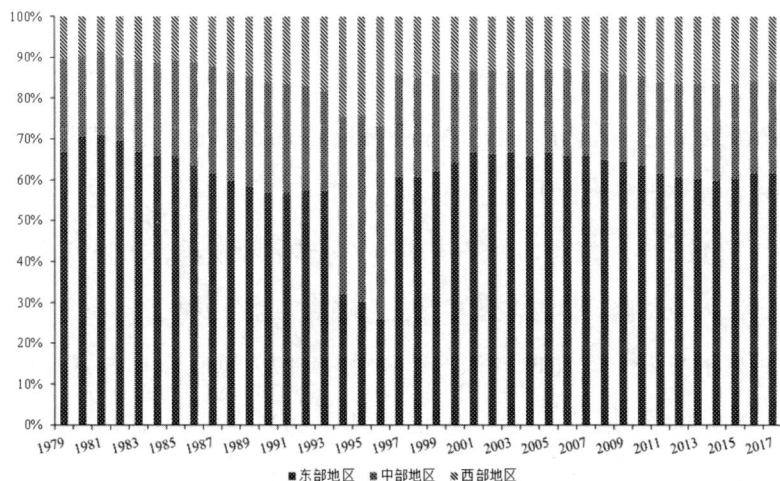

图 5.4　东中西部地区地方财政预算收入所占比重变化

如图 5.4 所示，东部地区从 1979 年以来的地方财政预算收入一直保持在较高的水平，且在初期则出现了"高峰"，1978 年改革开放拉开帷幕，我国开始对区域经济实施非均衡化发展的战略，将经济重心定为东部沿海地区，率先加快东部地区的对外开放进程，对该地区的优先发展与其本身所具有的地理环境优势，经济高速增长，对我国的财政收入贡献度最高，且地区财政收入占比超过中西部地区之和。但在 1994—1996 年间东部地区的财政预算收入占比呈现明显的下滑，下滑部分主要被中部地区所替代，该时期我国试行市场经济体制以及税制改革，改革初期主要是以东部沿海为重点区域，期间在探索建立新的体制过程中受到一定阻力，并且东部地区由于前期注重经济增长的高速度而忽视了经济发展的质量结构，这段时期东部地区首先面临挑战。

中部地区在 1979—2017 年间的地区财政预算收入占比处于 25% 的水平上下波动，相比之下中部地区的财政收入发展状况较为平稳，总体形势为稳中有进。

20 世纪末，我国的经济体制步入逐步转型阶段，2000 年提出西部大开发战略，以财政转移支付、政策支持等多种形式加大对西部地区的投入。至 2017 年西部地区的财政收入总额为 1.45 万亿元，与 1979 年相比增长了一百多倍，并且从 2006 年开始西部地区该指标的占比出现明显的上涨。当前西部地区仍处在财政支持投入较多的阶段，但随着"一带一路"倡议的实施，西部地区的发展机遇日益增加，后期经济有较强的增长趋势，将会逐步走向独立自主。

5.5 我国银行信贷对区域经济发展影响的实证分析

5.5.1 计量模型的建立

基于数据的可靠来源，笔者选取 1990—2017 年全国 31 个省市的面板数据（地区人均 GDP、金融机构年末贷款总额、固定资产投资额、地方财政预算收入）作为样本进行实证分析，建立如下面板数据模型探究银行信贷对东中西部三大地区的区域经济的影响。

对全国各省市区域经济增长建立如下模型：

$$Y = c + \beta_1 X_1 + \beta_2 X_2 + \beta_3 X_3 + u \quad (5.13)$$

对东部地区区域经济增长建立如下模型：

$$Y_1 = c + \beta_1 X_1 + \beta_2 X_2 + \beta_3 X_3 + \upsilon_1 \quad (5.14)$$

对中部地区区域经济增长建立如下模型：

$$Y_2 = c + \beta_1 X_1 + \beta_2 X_2 + \beta_3 X_3 + \upsilon_2 \quad (5.15)$$

对西部地区区域经济增长建立如下模型：

$$Y_3 = c + \beta_1 X_1 + \beta_2 X_2 + \beta_3 X_3 + \upsilon_3 \quad (5.16)$$

表 5.5　模型参数变量的解释说明

变量	变量定义
地区 GDP（Y）	基于 1990—2017 年各个省市的地区 GDP，用来衡量在 1990-2017 年我国东中西部三大区域的经济状态。（单位：亿元人民币）
年末贷款总额（X₁）	用 1990—2017 年各个省市的金融机构年末贷款总额，反映区域银行信贷资本的发展状况。作为研究银行信贷对各地区经济增长的影响的核心解释变量，是代表东中西部地区不同时期银行信贷资本水平的变量。（单位：亿元人民币）
固定资产投资额（X₂）	以 1990—2017 年的固定资产投资额表示 X2，反映各个地区的投资状况，作为研究区域经济发展的控制解释变量。（单位：亿元人民币）
地方财政预算收入（X₃）	用 1990—2017 年的地方财政预算收入表示 X3，反映区域的财政收入状况，作为研究区域经济发展的控制解释变量。（单位：亿元人民币）

表 5.6　各参数变量的描述性统计分析

变量指标	指标定义	平均值	标准差	最大值	最小值	最大值
Y	地区 GDP	9938.97	13143.31	89705.23	37.42	89705.23
X₁	年末贷款总额	11466.58	17114.32	130410.00	32.90	130410.00
X₂	固定资产投资额	6219.16	8924.02	55202.72	18.15	55202.72
X₃	地区财政预算收入	962.15	1462.6	11320.35	-1794.30	11320.35

　　首先运用 hausman 检验在固定效应和随机效应之间进行选择，全国的卡方统计量值为 -41.85，东部地区的卡方统计量值为 -80.13，为稳健起见，选择固定效应模型更加合理。中部地区的卡方统计量

值为 7.01，可以在 10% 的显著性水平上拒绝原假设，即选择固定效应模型。西部地区的卡方统计量值为 -12.47，同样出于稳健性的考虑，选择固定效应模型。使用固定效应模型估计，实证结果如表 5.7。

表 5.7　银行信贷对区域经济影响的回归结果

变量	全国	东部	中部	西部
年末贷款总额 X_1	0.0330** (0.0185)	0.0813** (0.0403)	0.0753 (0.0899)	0.0257*** (0.0088)
固定资产投资额 X_2	0.6203*** (0.0204)	0.7790*** (0.0342)	0.6831*** (0.0786)	0.5368*** (0.0465)
地区财政预算收入 X_3	5.0089*** (0.2353)	3.8250*** (0.4602)	2.7978*** (0.9316)	4.8445*** (0.3909)
常数项	883.1381 (124.9018)	1582.957 (285.1120)	1920.651 (226.8551)	598.2793 (74.4456)
F 值	5360.317 0.9542	2186.864 0.9603	1353.703 0.9539	3472.039 0.9723

5.5.2 实证结果分析

总的来说，分别对全国 31 个省市、东部、中部和西部地区建立的四个区域经济增长模型的可决系数较高，R^2 数值均在 0.9 以上，表明各个模型的拟合优度很好，模型拟合结果可信度高。核心变量年末贷款总额 X_1 分别在 1%、5% 的显著性水平下通过 t 检验，F 值通过显著性检验，表明核心变量（X_1）对地区 GDP(Y) 存在显著性影响。此外，四个模型中关键变量 X_1 的系数分别为 0.033、0.081、

0.075、0.026，东部、中部地区银行信贷资金对于地区经济增长的影响程度要优于西部地区，且高于全国平均水平。因此，银行信贷资本的发展程度对不同地区的经济发展的影响程度呈现明显的差异，对东部、中部、西部地区而言，银行信贷资金对东部、中部地区的经济增长效用程度会更为明显。

全国 31 省市（总体情况）：在控制变量保持不变的情况下，全国各省市年末贷款总额每增加 1 亿元，全国 GDP 增加 0.033 亿元，该模型通过检验。但是总体来说，单位银行信贷资金的投放所带来的 GDP 的增长额较低，可能是我国银行信贷资金的配置效率整体较低，总体信贷资金利用效率降低，从而使得我国银行信贷对 GDP 增长的影响比较小，甚至呈现逐渐下降的趋势。

东部地区：在控制变量保持不变的情况下，东部地区的年末贷款总额每增加 1 亿元，也就是说东部地区的信贷资金每增加 1 亿元，东部地区的 GDP 增加 0.081 亿元，模型通过检验。东部地区的单位信贷资本的增加额带来的地区 GDP 增加额要高于中西部地区，主要是由于东部地区作为我国改革开放后现行地区，机制越来越成熟，投资环境越来越好，使得其对于信贷资金的利用效率要高于其他地区，同样的信贷投放额在东部地区可实现更多的经济收益与社会效益。

中部地区：在控制变量保持不变的情况下，中部地区的年末贷款总额每增加 1 亿元，中部地区的 GDP 增加 0.075 亿元，模型通过检验。中部地区在资源环境、地理及政策条件方面均处于三个地区的中间水平，中部地区的银行信贷发展水平要高于西部地区，且低于东部地区。因此如结果所示，中部地区的信贷资本对地区GDP的影响也是处于居中水平，但是要高于全国的平均水平。

西部地区：在控制变量保持不变的情况下，西部地区的年末贷款总额每增加1亿元，西部地区的GDP增加0.026亿元，模型通过检验。西部地区的单位年末贷款总额所引起的地区GDP增加额很低，可能是以下两个方面的原因：一是由于西部地区先天的地理环境较差，各方面条件比较落后，信贷资金所带来的经济增长的边际增长效应不如东部和中部地区；二是，虽然西部大开发战略的实施后，各种政策开始有意向西部地区倾斜，但是该地区先天的地理环境因素和后发的制度因素在短期内无法得以改善，并且这些措施吸引的银行资金有限，信贷投放总额基数小，乘数效应不够明显，已有信贷投放额度无法对经济产生较好的拉动作用。

5.6 小结

一般来说，市场驱动的资本区域流动从银行信贷资本的跨区域流动可以大概体现出来。本部分用银行信贷资金存量比重的变化较好地解释了我国信贷资本区域流动的发展规律。而且，从上述研究结果发现，我国各地区的银行信贷资本对区域经济的发展具有重要的促进作用。如何充分利用各地区的银行信贷这一间接融资渠道，对区域经济发展带来最大化效益成为重中之重。具体结论如下：

（1）我国银行信贷资本的流动对我国区域经济的发展带来了明显影响。在控制变量保持不变的情况下，东部地区的信贷资金每增加1亿元，GDP会增加0.081亿元；中部地区的信贷资金每增加1亿元，GDP会增加0.075亿元；西部地区的信贷资金每增加1亿元，GDP会增加0.026亿元。

（2）我国银行信贷资金的配置效率整体较低，总体信贷资金利用效率不高。

（3）东部地区的信贷资本一直占据着统治地位，从1982年以来全国占比就一直在50%以上，从追求资金使用效率的角度来讲，信贷资本应向东部地区配置。但从追求区域协调的角度来讲，西部地区和中部地区由于资金使用效率不高，信贷资本的存量也相差太远，必须得依靠政策措施才能较快地解决中西部地区经济增长中资本不足的问题。

（4）我国西部大开发、中部崛起和"一带一路"倡议实施后，对区域经济协调发展带来了积极效果，尤其是"一带一路"倡议的实施，让西部地区从开放的末梢地带走向了开放的前沿地带，发展机遇日益增加，后期经济有较强的增长趋势，信贷资本的效率将会逐渐得到提高。

6 我国直接融资对区域经济发展的影响分析 [①]

通过直接融资获得的资本不仅能促成金融市场的繁荣格局，亦可以带动落后地区经济的增长。直接融资的完成过程不依靠传统金融机构的信贷渠道，只要求资金的供求双方自发进行资金交换配置，社会闲散的资金便可以通过这条渠道进入实体经济领域。企业通过直接融资获得发展所需要的资本，一方面可以使得社会资金得到合理高效配置，促进金融市场的繁荣；另一方面企业将所筹集的资金用于扩大投资规模，进而推动区域经济发展。

6.1 引言

我国东部地区依托于改革开放政策的红利以及本身的地理位置优势，在改革和开放的四十年内，以领先于中西部地区的速度迅速

---

① 该部分的主体内容已发表：中国直接融资的时空演变及其对区域经济发展的影响 . 湖南财政经济学院学报，2019（10）

发展起来，从而致使我国东部地区的经济发展水平优于我国中西部地区。改革开放以来，我国东部地区的 GDP 总值一直是中西部地区 GDP 总值之和的 1.5 倍左右，这种不同地区之间的经济发展差异体现得十分明显。影响东中西部地区发展不平衡的因素有很多，国内外很多学者做了大量研究，本部分主要从直接融资的角度对其进行分析。

随着我国经济的不断发展，传统的金融行业对实体经济的推动效果已经不再那么明显，银行这一传统提供间接融资的金融中介结构，如今也不能够满足快速经济发展下实体经济对资金的需求，而积极发展直接融资对区域经济发展的助力作用十分明显，有利于促成区域经济均衡发展局面的形成。习近平总书记在 2017 年的党的十九大报告中，就提到了要求各地区大力发展直接融资，肯定了直接融资在经济发展过程中的重要作用和地位。

国内外学者对此问题进行了一些研究。King & Levine（1993）从不同的角度用实证分析的办法研究了金融发展与经济增长之间的关系，经过对不同国度的金融数据进行回归分析之后，他们发现影响经济发展的金融因素有很多，较为典型的因素有金融活动的水平和证券市场的发展程度 [130][131]。在此之后有很多学者也开始陆续研究金融对经济的影响作用，虽然研究的侧重点有所不同，但是大家都一致认为，金融对经济发展有着不可忽视的正向推动作用。而直接融资是进行资金融通的重要渠道，且股票市场又是构成直接融资市场的重要部分，因而，在日后的对于金融如何影响经济的重要研究中，许多外国学者把股票对经济的影响作为重点研究方向。Atje & Jovanovic（1994）通过对发达国家和发展中国家的股票市场进行研究后发现，股票市场对国家的经济发展是有明显推动作用，且发展程度不同的国家的经济水平受股票市场的影响也是有所差异的[132]。此后，Luintel(1994)专门研究了发达国家股票市场的发展程度对经济的影响，他发现如果股票市场的资金流动性有所增强，那么该股票市场的资金利用率也会大大得到提高，进而使得其对经济推动作用也会愈加明显[133]。另外，Beck & Levine(2005)通过研究不同国家的股票市场对经济增长的作用效果，也得出了和前人十分相似的研究结果：区域经济受股票市场影响程度的大小，主要取决于国家的发展程度，即发达国家股票市场对经济的促进作用相较于发展中国家会更加显著[134]。国内学者也对相关问题开展了研究。陈守东等 (2008) 通过门限效应模型回归对我国 31 个省份的数据完成实证分析最终得出重要结论：不同地区地域区域金融发展水平的高低程度决定了区域经济发展水平的优劣[135]。经青（2012）以长三角地区为例研究了区域金融结构与区域经济之间的关系，结果发现，直接融资在上海地区对经济的影响明显，但在江浙地区直接融资的作用效果还有待进一步提高[136]。李月 (2014) 以中国的 31 个省份 1979—2012 年相关面板数据作为依据，借鉴了国内外大量研究结果，运用实证分析的方法研究金融对经济的影响作用，最终发现：经济发展的根本原动力就是金融，例如在我国东部地区由于金融水平的发展程度很高，最终表现出的结果便是区域经济的发展也好过中西部地区，也即金融越发达的地区经济发展状况也越好[137]。朱君 (2014) 从直接融资的一个切入点——上市公司去探究影响区域经济发展的重要金融因素，认为上市公司通常能够借助资本市场进行快速的自我发展与壮大，对区域经济的贡献作用不可小觑，因此重视上市公司的发展成为推进地区经济发展的有效途径之一[138]。乔岩（2015）在分析直接融资与区域经济关系的基础上，探讨了区域直接融资存在的问题和制约因素，以及思考如何促进区域经济的良性互动发展[139]。虎美琳 (2016) 选取了山东省 14 家上市公司从 2004 年到 2014 的样本面板数据，并利用这些数据进行计量分析后发现，股票的交易比率对经济增长有不可忽视的正向影响，且证券市场发达程度对经济增长的作用有地域差异的重要结论[140]。赵美玲 (2016) 利用我国 2002—2013 年的 31 个省份的面板数据，通过变截距计量模型进行实证分析进而深入探究我国股票市场对不同地区经济增长的影响作用，最终发现区域经济受股票市场发展程度的影响很是显著[141]。徐英倩（2018）运用计量分析方法定量地研究了不同金融结构对区域经济发展的影响作用，发现金融结构的不同对东中西部的区域经济的影响是存在一定差异性的[142]。

从上述研究可以看出，金融对经济的增长有正向推动作用，而股票市场对经济的增长具有明显的正向促进作用，但其作用程度要取决于地区的发达程度。但是国外学者的研究对象大部分是针对不同国家而不是一个国家的不同区域，国内学者在直接融资对不同地区经济增长的影响方面做了研究，但是研究得比较少，而且主要是研究股票市场对不同经济增长的影响，很少涉及债券。本部分将从股票和债券整个证券资本市场来考察我国三大区域的直接融资对区域经济的影响作用。

6.2 我国三大区域直接融资情况分析

6.2.1 我国上市公司的区域分布情况分析

6.2.1.1 基本情况分析

上市公司是推动各地区经济发展的核心力量，上市公司利用直接融资可以同时带动实体经济和虚拟经济的共同发展。从上市公司的数量和分布状况基本上可以看出东中西部地区直接融资的能力，以及各地区的核心经济竞争能力。各地区上市公司数量及所占比重变化如表 6.1 和图 6.1 所示：

表 6.1　2000—2018 年东中西部地区上市公司数量总额及所占比重

总数单位：个；比重：%

	上市公司总数	东部地区		中部地区		西部地区	
		总额	比重	总额	比重	总额	比重
2000 年	996	584	59%	233	23%	179	18%
2001 年	1070	619	58%	246	23%	205	19%
2002 年	1147	655	57%	282	25%	210	18%
2003 年	1208	695	58%	295	24%	218	18%
2004 年	1298	748	58%	316	24%	234	18%
2005 年	1455	834	57%	357	25%	264	18%
2006 年	1349	797	59%	318	24%	234	17%
2007 年	1540	967	63%	331	21%	242	16%
2008 年	1614	1023	63%	340	21%	251	16%
2009 年	1718	1106	64%	352	20%	260	15%
2010 年	2063	1378	67%	397	19%	288	14%
2011 年	2341	1601	68%	442	19%	298	13%
2012 年	2475	1701	69%	462	19%	312	13%
2013 年	2491	1719	69%	461	19%	311	12%
2014 年	2612	1820	70%	471	18%	321	12%
2015 年	2511	1667	66%	501	20%	343	14%
2016 年	3050	2156	71%	525	17%	369	12%
2017 年	3236	2235	69%	570	18%	431	13%
2018 年	3523	2530	72%	533	15%	460	13%

来源：中国经济社会发展统计数据库；《2017 年区域金融报告》；《2018 年区域金融报告》

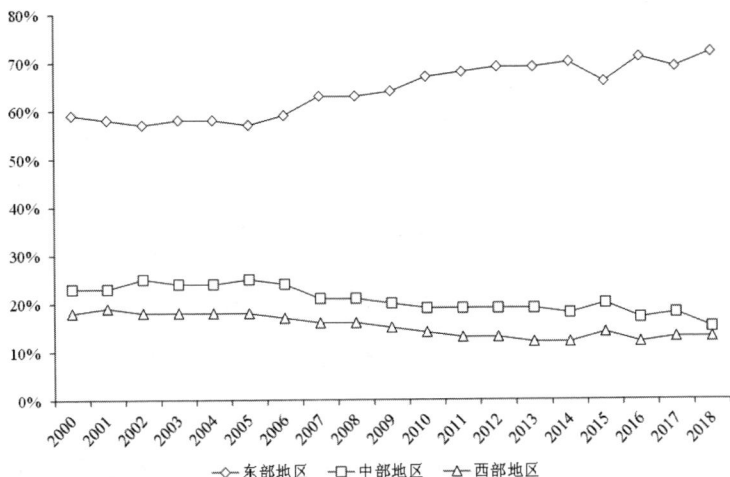

图 6.1 2000—2018 年东中西部上市公司数量占比图

从图 6.1 我们可获知，我国上市公司在东中西部的分布状况存在明显的差异。总体来看，2000—2018 年这段时期，我国东部地区上市公司数量所占比重基本高于中西部地区上市公司数量之和，存在着严重的不均衡分布，该情况在 2005 年后更加凸显（从统计图可以看出，2005 年后，东部地区上市公司所占比重出现明显上升趋势），原因在于，2005 年我国正式启动股权分置改革，该改革制度改善了上市公司外部治理环境条件，激励更多公司选择上市融资，而东部地区的公司又抢占了先机。从 2005 年后，东部地区上市公司数量比重持续上升，2013 年以后基本稳定在 70% 左右，是东中西部地区的两倍多。

6.2.1.2 时空变化分析

相关研究可以得知，从 2000 年到 2018 年期间，我国上市公司数量明显增多，但上市公司在东中西部的空间分布总体情况基本未发生大的改变，即我国的上市公司主要集中分布在东部沿海地区，东中西部地区直接融资市场发展极为不均，东部有着比中西部更强的吸纳资本的能力。从新经济地理学的角度来分析，这是因为中国的经济政策和经济地理因素往往会对区域金融的发展有直接显著的影响。我国改革开放四十年来，为了"让一部分地区（东部）先富起来"，进而实行了一系列让东部地区受益的政策，政策明显偏斜，且加上东部地区本来就有的地理环境优势，东部地区的上市公司集聚现象明显。但从图中也可以看出，中部地区的上市公司相对开始增多，从经济上预示着溢出效应的出现。

另外根据相关数据资料，发现在 2000 年的时候我国上市公司主要集中在东部地区的上海，上海是最吸引上市公司的地方，而东部地区的其余省份和行政区的上市公司空间分布基本均衡。而到 2018 年的时候，东部地区上市公司在 2000 年的空间分布格局彻底打破，江浙一带和北京地区快速发展，上市公司数量增加至原来的 6 倍或者 7 倍左右，而广东更是以 571 家的高值成为 2018 年上市公司数量最多的地区。十八年的时间，我国东部上市公司的分布从原来经济发展领先的上海扩大至了浙江和江苏两地区，而广东替代上海成为新的企业龙头。

而中西部地区上市公司主要集中在经济发展相对较快的省份，如中部的安徽、湖南和西部的四川地区。

综上所述，上市公司主要集中在经济发展较快的地区。从宏观层面来看，我国上市公司主要集中在我国东部沿海地区，且这一格局从 2000 年至 2018 年没有发生变化，只是东部地区各省份之间上市公司分布情况有所转变（集聚地从原来的上海市扩展至江浙一带，且广东迅速发展起来替代上海成为龙头），而中西部地区上市公司的分布弱势情况基本没有变化。

6.2.2 我国证券发行的区域分布情况分析

6.2.2.1 股票市场

我国股票市场从 1990 年 12 月政府允许上海、深圳两地试点公开发行股票后，发展十分迅速，各地区通过股票发行融资的规模逐年扩大，但中西部地区通过股票 IPO 进行直接融资的能力差异明显。1996-2018 年期间。东中西部地区募集资金总计额为 30269.94 亿元，其中东部地区 IPO 融资金额为 24698.41 亿元，中部地区 IPO 融资金额为 3322.05 亿元，西部地区 IPO 融资金额为 2249.49 亿元。各区域 IPO 分布情况及占比如表 6.2 和图 6.2：

表6.2　1996—2018年东中西部IPO融资额

总额单位：亿元；比例：%

	东部地区		中部地区		西部地区	
	总额	比例	总额	比例	总额	比例
1996	147.38	59%	66.33	26%	37.39	15%
1997	445.52	64%	167.16	24%	87.36	12%
1998	226.23	54%	136.06	32%	56.98	14%
1999	308.58	62%	122.53	25%	67.83	14%
2000	529.47	63%	219.05	26%	98.06	12%
2001	370.50	66%	117.06	21%	75.62	13%
2002	419.06	78%	85.34	16%	29.78	6%
2003	291.48	64%	66.61	15%	95.31	21%
2004	223.05	63%	86.86	25%	43.25	12%
2005	46.63	81%	8.02	14%	2.99	5%
2006	1395.34	85%	231.79	14%	15.43	1%
2007	4269.69	96%	84.47	2%	115.81	3%
2008	883.05	85%	32.43	3%	124.57	12%
2009	1883.53	93%	81.58	4%	56.86	3%
2010	3867.08	79%	559.25	11%	462.76	9%
2011	2183.88	80%	424.07	16%	112.07	4%
2012	758.88	76%	136.04	14%	107.07	11%
2013	365.11	100%	0.00	0%	0.00	0%
2014	522.62	78%	59.48	9%	86.79	13%
2015	1303.47	83%	172.82	11%	102.00	6%
2016	1298.78	80%	158.20	10%	176.58	11%

| 2017 | 1876.72 | 86% | 157.17 | 7% | 152.20 | 7% |
| 2018 | 1082.38 | 79% | 149.72 | 11% | 142.79 | 10% |

数据来源：东方财富 Choice 数据

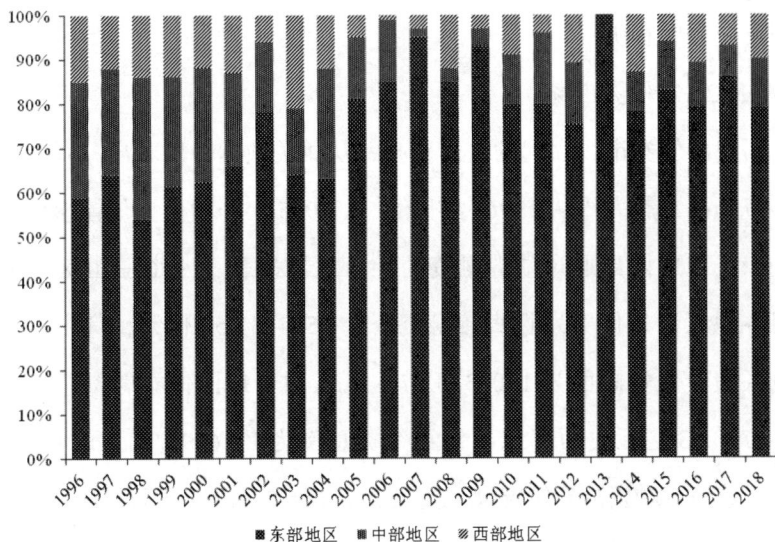

图 6.2　1996—2018 年东中西部 IPO 占比变化图

由图 6.2 可以看到，从 1996 年开始我国东部地区 IPO 所占比重基本保持在 60% 左右的水平，2005 年推进国有企业股份制改革后，我国东部地区 IPO 比重不断上升，一度达到 90% 以上，明显看出东部地区利用 IPO 吸纳股权资本的能力大大强于中西部地区，这一行为也使得东中西部地区的企业直接融资能力大相径庭，导致经济不均衡发展的现状愈发严重。

通过观察柱状图，我们还可以发现，东中西部各地区 IPO 融资额占比在不同年份的波动幅度还是较大的，并且没有一个固定的变化趋势，这可能是因为证监会想通过不同程度的管制来干预上市公司 IPO，进而影响股票的二级市场，而东中西部地区对证监会的干预反应程度有所不同。

6.2.2.2 债券市场

我国债券市场兴起的时间较晚，从相关数据可以看出，我国债券市场的兴起大约从 1996 年开始，从 2005 年开始呈大规模递增趋势，且东中西部通过债券融资的能力差异显著。1996—2018 年期间各地区通过债券发行直接融资资金 1554733.57 亿元，其中东部地区债券融资总额为 1305333.37 亿元、中部地区债券融资总额为 137790.33 亿元、西部地区债券融资总额为 111609.87 亿元。各年各区域债券融资分布情况及比重变化如表 6.3 和图 6.3 所示：

表 6.3　1996—2018 年东中西部债券发行额

总额单位：亿元；比例：%

时间	东部地区	比例	中部地区	比例	西部地区	比例
1996	1800.00	100%	8.00	0%	0.00	0%
1997	3037.32	100%	10.00	0%	0.00	0%
1998	2116.12	99%	23.80	1%	1.50	0%
1999	1974.70	99%	12.80	1%	1.00	0%
2000	1731.50	100%	0.00	0%	4.00	0%
2001	2865.00	100%	0.00	0%	0.00	0%

续表

2002	3446.30	99%	20.00	1%	0.00	0%
2003	5075.00	100%	0.00	0%	0.00	0%
2004	5437.20	99%	38.00	1%	0.00	0%
2005	9119.04	98%	159.00	2%	64.00	1%
2006	13042.80	94%	529.20	4%	250.60	2%
2007	16523.23	96%	510.30	3%	233.60	1%
2008	19946.19	95%	519.50	2%	452.60	2%
2009	27777.75	92%	1635.70	5%	846.98	3%
2010	27333.36	90%	1677.60	5%	1524.69	5%
2011	41659.76	90%	2693.24	6%	1868.00	4%
2012	54892.20	86%	5194.05	8%	3764.41	6%
2013	54146.64	85%	5569.45	9%	4323.74	7%
2014	83068.02	83%	8999.39	9%	7675.18	8%
2015	144929.02	83%	15563.51	9%	13350.44	8%
2016	225651.33	82%	27265.19	10%	21152.67	8%
2017	261996.43	81%	33298.10	10%	28431.98	9%
2018	297764.46	83%	34063.50	9%	27664.47	8%

数据来源：东方财富 Choice 数据

图 6.3　1996—2018 年东中西部债券发行额占比图

从图 6.3 可以看出，我国东部地区债券融资额占比在 2005 年前为 100%，也就是说此时的中西部地区债券市场还未发展起来，而从 2005 年开始，中部地区和西部债券市场则逐渐发展起来后，东部地区债券融资额占比便开始逐年递减，但还是占绝对主导地位，2018 年东部地区占比依然高达 83%，由此可见，中西部地区通过债券市场进行融资能力也明显弱于东部地区。

总体看来，无论是通过股票市场还是债券市场进行直接融资，东部地区由于地理位置和政策倾斜等优势，其利用直接融资渠道获取资金的能力明显要比中西部地区更强，这也会使得中西部地区的企业在直接融资方面难以在短期内追上东部地区。

6.3 主要经济变量情况分析

我们另外选取各区域的国内生产总值、外商直接投资来作为模型中的主要经济变量,并做简单分析(前面几部分已做过详细分析)。

6.3.1 各地区的 GDP 发展情况

我们用一个地区的 GDP 总量来衡量一个地区经济发展状况的好与坏,本部分以 1996—2017 年全国各省的 GDP 为原始数据,通过统计软件加总计算得出东中西部各地区 GDP 总值及其占比,如表 6.4 和图 6.4 所示:

表 6.4　1996—2017 年东中西部地区 GDP 总额及比重变化

(单位:亿元　比重:%)

年份	东部		中部		西部	
	总额	比重	总额	比重	总额	比重
1996	37834.18	55.21	18182.80	26.53	12516.68	18.26
1997	42548.87	55.29	20543.13	26.69	13864.61	18.02
1998	46211.50	55.82	21921.37	26.48	14647.38	17.69
1999	49610.95	56.59	22706.16	25.90	15354.02	17.51
2000	55689.58	57.29	24865.17	25.58	16654.62	17.13
2001	63610.30	58.60	26207.84	24.14	18735.10	17.26

续表

2002	71176.66	59.03	28680.58	23.79	20718.38	17.18
2003	82967.41	59.58	32590.36	23.40	23696.31	17.02
2004	99494.72	59.37	39488.97	23.56	28603.48	17.07
2005	118575.48	59.52	46545.14	23.37	34085.72	17.11
2006	138502.11	59.49	53967.49	23.18	40345.73	17.33
2007	165194.03	59.05	65359.77	23.36	49182.48	17.58
2008	194085.16	58.23	78781.03	23.64	60447.77	18.14
2009	211886.90	58.00	86443.31	23.66	66973.48	18.33
2010	250487.94	57.31	105145.56	24.06	81408.49	18.63
2011	293581.45	56.30	127624.70	24.48	100234.96	19.22
2012	320738.47	55.63	141908.57	24.61	113904.80	19.76
2013	351978.25	55.49	155410.89	24.50	126956.18	20.01
2014	378727.46	55.34	167522.17	24.48	138099.79	20.18
2015	401651.69	55.57	176097.26	24.36	145018.92	20.06
2016	432433.34	55.44	190808.46	24.46	156828.17	20.10
2017	471244.71	55.63	207333.82	24.47	168561.57	19.90

资料来源：根据历年国家统计局发布的相关数据计算得到。

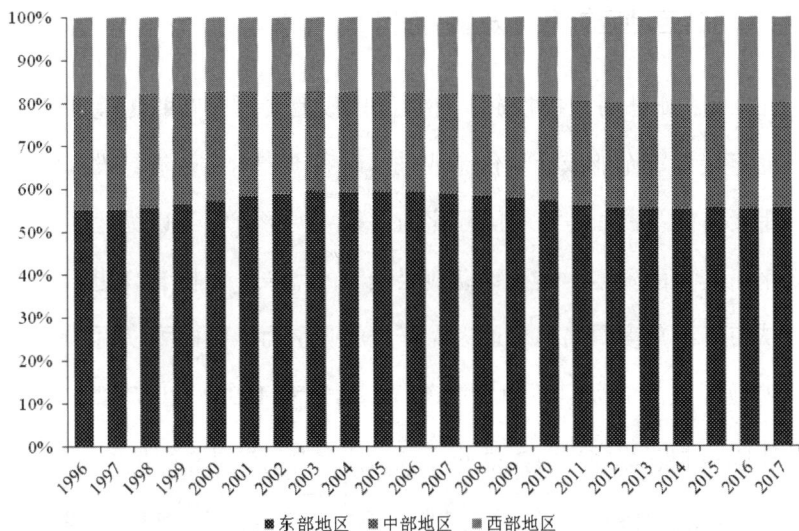

图 6.4 1996—2017 年东中西部 GDP 所占比重变化图

由表 6.4 和图 6.4 可以看出，从 1996 年开始，我国东部地区 GDP 占比基本稳定在 55% 以上，比中西部地区 GDP 总和还要多，且这一局面一直持续到了 2017 年也未改变；中部地区 GDP 变化也长期处于较为平稳的状态，占比稳定在 23% 多一点；对于西部地区而言，从 2010 年后，西部地区 GDP 占比略微有所上升，这与我国多年坚持实行"西部大开发"战略有着密切关系，2013 年习主席提出"一带一路"倡议后，西部地区作为西进的"桥头堡"获益良多，经济发展加快，GDP 的占比逐渐增大。通过数据对比分析发现，东部地区的经济发展远高于东西部地区，地区经济发展不均衡的现象多年来并未发生较大的改变，但近年来，西部地区的经济占比开始逐渐增大。

6.3.2 各地区的 FDI 发展情况

FDI，即外商直接投资，是指外国投资者通过在我国境内设立外商直接投资企业或者合伙企业进而对我国境内企业进行投资的一种重要方式。FDI 是资本国际化的一种主要形式，可以为地区发展带来所需要的资本，进而推动地区经济的增长。分析 FDI 指标，可以从市场的角度看出一个地区对资本的吸引力，因此可以用 FDI 来反映地区经济的吸引力和发展前景。通过对 1996—2017 年东中西部地区的 FDI 数据进行整理和计算，如表 6.5 和图 6.5 所示：

表 6.5　1996—2017 年三大区域外商直接投资总额与比重

总额单位：亿美元；比重：%

年份	东部		中部		西部	
	总额	比重	总额	比重	总额	比重
1996	3241.78	91.46	152.98	4.32	149.62	4.22
1997	3384.83	89.45	204.21	5.40	194.92	5.15
1998	3344.27	89.81	194.19	5.22	185.23	4.97
1999	3269.97	90.08	241.49	6.65	118.59	3.27
2000	3369.30	88.31	327.29	8.58	118.57	3.11
2001	3831.48	88.83	368.27	8.54	113.54	2.63
2002	4648.97	88.01	491.27	9.30	142.35	2.69
2003	6130.74	88.88	614.89	8.91	152.01	2.20
2004	5300.91	92.28	347.04	6.04	96.13	1.67
2005	5563.80	91.04	449.49	7.35	98.20	1.61
2006	6760.03	91.14	539.99	7.28	117.29	1.58
2007	8197.93	90.90	637.41	7.07	183.06	2.03
2008	9094.56	89.07	760.88	7.45	355.16	3.48

续表

年份	东部		中部		西部	
	总额	比重	总额	比重	总额	比重
2009	9513.89	87.84	862.14	7.96	454.49	4.20
2010	11808.78	89.15	1028.53	7.76	408.99	3.09
2011	13358.73	82.06	2229.12	13.69	690.98	4.24
2012	15050.85	68.80	4857.91	22.21	1968.39	9.00
2013	15678.45	66.73	5652.47	24.06	2163.42	9.21
2014	15158.70	68.37	6195.32	27.94	818.35	3.69
2015	15805.28	62.31	7013.94	27.65	2546.99	10.04
2016	14461.71	57.19	7560.86	29.90	3265.51	12.91
2017	16045.37	52.63	7758.36	25.45	6684.22	21.92

资料来源：根据历年国家统计局发布的相关数据计算得到。

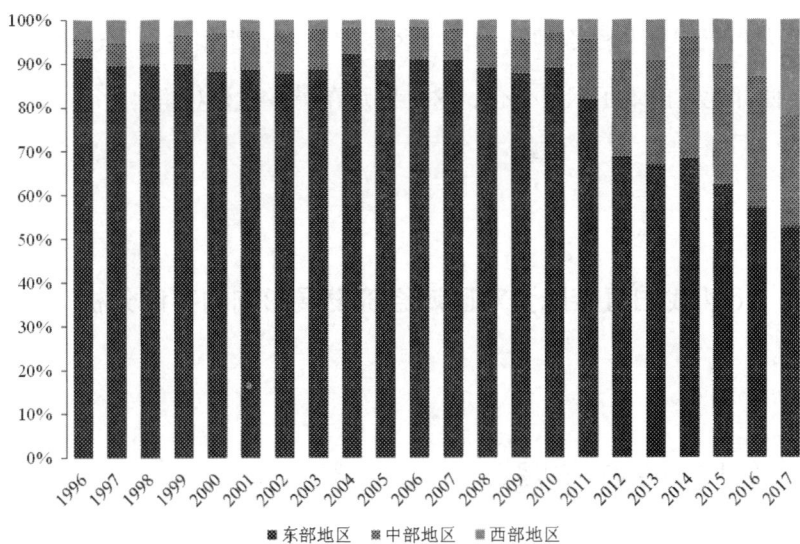

图 6.5 1996—2017 年东中西部 FDI 所占比重变化图

由图 6.5 可以看出，在 2011 年以前我国东部地区的 FDI 无论是总值还是相对值都处于绝对控制地位，占比都是在 80% 以上。但从 2010 年以后，东部地区的 FDI 占比开始下降，中部地区的 FDI 占比上升明显，从 2010 年的 7.76% 上升到 2017 年的 25.45%；西部地区的 FDI 占比也呈上升趋势，尤其是近几年上升的幅度很大。说明从 2010 年以后中西部地区在吸引外资方面的能力逐渐增强。但总体来看，东部地区在吸引外资方面仍然强于中西部地区，东部地区的 FDI 的占比都是在 50% 以上。

通过对东中西部地区生产总值、固定资产投资额、FDI 三项衡量地区经济发展指标的分析发现，东部地区经济发展的绝对规模要大大高于中部和西部地区，三个区域的绝对差距很大，但近年来，中西部地区出现了积极变化，这个差距在慢慢地相对缩小。

6.4 我国直接融资对区域经济发展影响的实证分析

6.4.1 计量模型的建立

基于数据的可靠来源，本部分选取 2000—2017 年全国 31 个省份的面板数据（人均 GDP、FDI、直接融资额、城镇失业率）作为样本进行实证分析，建立如下面板数据模型探究直接融资对各地区经济增长的影响作用。

对全国各省经济增长建立如下计量模型：

$$Y = c + \beta_1 X_1 + \beta_2 X_2 + \beta_3 X_3 + u \quad （6.1）$$

对东部地区经济增长建立如下计量模型：

$$Y_1 = c + \beta_1 X_1 + \beta_2 X_2 + \beta_3 X_3 + e_1 \quad （6.2）$$

对中部地区经济增长建立如下计量模型：

$$Y_2 = c + \beta_1 X_1 + \beta_2 X_2 + \beta_3 X_3 + e_2 \quad （6.3）$$

对西部地区经济增长建立如下计量模型：

$$Y_3 = c + \beta_1 X_1 + \beta_2 X_2 + \beta_3 X_3 + e_3 \quad （6.4）$$

表 6.6　各参数变量的解释说明

变量	变量定义
总产量（Y）	用 2000-2017 年各省的人均 GDP 表示来表示 Y，反应区域经济的发展状况。单位：元人民币
直接融资数额（X_1）	通过 2000-2017 年各地区股票 IPO 数额、股票增发额、配股数额、可转债发行额以及债券发行额计算所得，用以表示该地区直接融现状。选择直接融资数额（X_1）作为核心解释变量。单位：亿元人民币
失业率[2]（X_2）	用 2000-2017 年各省的失业率来表示 X_2，反应区域的就业的情况，选择失业率（X_2）作为控制变量。单位：%
FDI（X_3）	用 2000-2017 年各省的 FDI 来表示 X_3，反应区域外商直接投资的情况，选择 FDI（X_3）作为控制变量。单位：千美元.

表 6.7　各参数变量的描述性统计分析

变量	定义	平均值	标准差	最小值	最大值
Y	人均 GDP	25373.00	24232.46	2759.00	128994.0
X_1	直接融资数额	200.18	8410.76	0.000000	97684.20
X_2	失业率	3.60	0.7495	0.800000	6.50
X_3	FDI	2290235	7091065	11510.00	56100000

首先运用 hausman 检验在固定效应和随机效应之间进行选择，全国的卡方统计量值为 9.51，在 1% 的显著性水平上拒绝原假设，故选择固定效应模型。东部地区的卡方统计量值为 -40.65，为稳健起见，选择固定效应模型更加合理。中部地区的卡方统计量值为 9.51，可以在 1% 的显著性水平上拒绝原假设，即选择固定效应模型。西部地区的卡方统计量值为 -13.76，同样出于稳健性的考虑，选择固定效应模型。使用固定效应模型估计，结果如表 6.8：

表 6.8　直接融资对区域经济影响的回归结果

变量	全国	东部	中部	西部
直接融资 (X_1)	1.1372*** （0.0918）	1.0933*** （0.1149）	7.4008*** （1.103303）	7.5273*** （0.8335）
失业率 (X_2)	-3395.3200*** （1014.1300）	-1283.5680 （1669.3760）	-1945.5240 （1490.093）	-4673.1530** （1568.0010）
FDI （X_3）	0.0016*** （0.0001）	0.0016*** （0.0001）	0.0005* （0.000327）	-0.0003 （0.0002）
常数项 (X_4)	32850.9400 （3822.5200）	28381.7600 （6106.92900）	24694.5800 （5936.7460）	35337.3500 （5851.4490）
F 值	222.2046	95.7960	43.4290	42.3381
R2	0.5611	0.5717	0.4648	0.4509

6.4.2 实证结果分析

从表 6.8 的计量分析结果可知，各模型的 F 值通过了显著性检验，可决系数较高，模型拟合结果的可信度高。在 1% 的显著性水平下，直接融资变量都通过了 t 检验，说明直接融资对全国经济增长、各区域的经济增长都有显著的正向作用。具体来讲：

全国：在控制变量保持不变的条件下，全国直接融资额每增加 1 亿元，全国的人均 GDP 增加 1.14 元，该变动符合现实生活中的经济现象，通过了经济意义的检验；在 1% 的显著性水平下，直接融资变量通过了 t 检验，说明直接融资对全国经济增长有显著正向作用。

东部地区：在控制变量保持不变的条件下，东部地区直接融资额每增加 1 亿元，东部地区的人均 GDP 增加 1.09 元，该变动符合现实生活中的经济现象，通过了经济意义的检验；在 1% 的显著性水平下，直接融资变量通过了 t 检验，说明直接融资对全国经济增长有显著正向作用。

中部地区：在控制变量保持不变的条件下，中部地区直接融资额每增加 1 亿元，中部地区的人均 GDP 增加 7.40 元，该变动符合现实生活中的经济现象，通过了经济意义的检验；在 1% 的显著性水平下，直接融资变量通过了 t 检验，说明直接融资对全国经济增长有显著正向作用。

西部地区：在控制变量保持不变的条件下，西部地区直接融资额每增加 1 亿元，西部地区的人均 GDP 增加 7.53 元，该变动符合现实生活中的经济现象，通过了经济意义的检验；在 1% 的显著性水平下，直接融资变量通过了 t 检验，说明直接融资对全国经济增长有显著正向作用。

通过实证检验结果可以看出直接融资对区域经济的发展有显著的正向作用，也就是当地区直接融资额增加时，地区 GDP 就会有一定程度的增长，这一实证结果符合现实生活规律。当一个地区发生直接融资时，也就意味着企业通过直接融资筹得资金，企业通常会将这些筹集的资金用于自生发展扩大，进而带动经济的发展。例如很多企业在面临扩大规模的决策时，往往选择上市融资，或者在新兴企业发展初期时，一些 PE、VC 等金融机构会对其进行风险投资，注入资本。企业通过直接融资筹得资金后会提高整体的社会产出，进而推动地区的经济增长，而当一个地区经济不断增长时，更多的资本将会被吸引聚集，又进一步推动地区经济的增长。直接融资和区域经济之间的关系符合金融学上正向的"螺旋效应"，所以该实证分析结果很好地反映出了直接融资对区域经济的正向影响作用。

另外，从模型结果还会发现，直接融资对东中西部的各地区经济增长的影响作用又有一定的差异。每增加 1 亿元的直接融资，东部地区仅带动地区人均 GDP 增加 1.09 元，而同样 1 亿元直接融资

增加额却可以为中部地区和西部地区分别带来约 7 元多的人均 GDP
增长，这说明直接融资对中西部地区的经济推动效果更为明显，边
际效应更加突出。因此增加对中西部地区的直接融资，对地区经济
增长的推动作用会大于东部地区。大力发展中西部地区的直接融资
有利于改善我国东中西部地区经济发展不均衡的现状。

6.5 小结

我国东中西部经济发展自改革开放以来长期处于不均衡状态，
研究我国直接融资的演变规律及其对区域经济的影响作用，对区域
经济政策的制定具有重要的参考价值。本部分首先分析了我国东中
西部三大地区的直接融资以及区域经济的发展演变过程，然后借助
1996—2017 年各省份的相关面板数据，通过计量分析对直接融资
资本规模和区域经济之间的关系进行了实证分析，表明直接融资对
区域经济有显著性作用，且其对东中西部各地区经济增长的影响作
用又有一定的差异：在控制变量保持不变的条件下，全国直接融资
额平均每增加 1 亿元，人均 GDP 就会增加 1.14 元；东部地区直接
融资额每增加 1 亿元，人均 GDP 就会增加 1.09 元；中部地区直接
融资额每增加 1 亿元，人均 GDP 就会增加 7.40 元；西部地区直接

融资额每增加 1 亿元，人均 GDP 就会增加 7.53 元。因此要协调区域经济发展，应该加快对我国资本市场进行改革和完善，尽快完善和落实注册制，IPO 要向中西部地区的企业倾斜，打造中西部金融中心和充分发挥产业基金的作用，以促进中西部经济的快速发展。具体来讲：

第一，随着我国经济的快速发展，以银行为主导的间接融资方式已经难以再满足企业融资的发展需求，多元化融资结构理应发展起来以应对新的融资需求。而企业作为地区经济发展的重要支柱，如何以更高效低成本的方式融得资金以供自身发展壮大是一个值得深入思考的问题。然而，直接融资作为一种低成本高效率的融资方式在我国的起步时间却偏晚，很多地方不够成熟，发展空间也还很大，因此，我国经济要想取得长足、高质量的发展，对资本市场的改革和完善就必须要提高到战略高度，要加快完善和落实注册制，以便更多的优质企业和高新技术企业能够通过直接融资的方式获得急需发展的低成本资金。

第二，由于直接融资对中西部地区的经济推动效果更为明显，因此 IPO 要向中西部地区的企业倾斜，并且要推动证券交易所为中西部地区的非上市公司提供多元化的金融服务，助推中西部地区企业的发展和壮大，例如证券交易所可以为非上市企业提供上市交易、股权融资、债券融资等服务，这些服务在一定程度上是有利于企业完成公司治理结构的改善并且熟悉资本市场的规则，为上市创造条件，也可以在满足企业多元化融资需求的同时推动实体经济和虚拟经济的发展。

第三，打造中西部金融中心，吸引金融资本"西进"，促进金融资源在中西部地区的聚集，这将会促进风险投资基金对中西部地区企业的投资，也会推动中西部地区企业的 IPO；同时，也为"一带一路"建设在西部地区提供一个金融桥头堡，集聚沿线各国的经济和金融资源为西部地区服务[143]。

第四，中西部地区可以充分发挥产业基金的作用去促进地区经济的发展。产业基金通常是投资未上市的发展前景好的新兴企业，且投资者会加入企业的经营和管理当中促进地区企业的发展，进而推动地区经济的发展。中部和西部地区的政府可以在政策上加大对这些产业基金的扶持，引导各产业基金投资机构的资本从东部地区向中西部地区扩散，为中西部地区的企业拓宽新的融资渠道，最终助推中西部地区的经济发展。

第五，中西部地区可以因地制宜建立地区特色的要素市场。中西部地区的自然要素和地理环境条件不尽相同，因而，各区的省政府可以根据本省的不同自然禀赋和地理条件，因地制宜的发展区域产业，并以区域产业为中心完成资源的整合，最终建成有着不同特色的要素市场以此吸纳资本流入地区，最终促进地区经济的进一步增长。

7 政策建议

改革开放四十年以来，我国经济经历了前所未有的增长，人民生活不断改善。与此同时，区域之间发展不协调的问题不断凸显，解决不平衡不充分发展的紧迫性也开始显现。资本是决定区域经济发展的核心生成要素，能够左右经济发展的全局。在 20 世纪 50 年代，纳克斯、纳尔逊与缪尔达尔相继提出了"贫困恶性循环论""低水平均衡陷阱"与"循环累积因果论"，三者都认为资本的缺位会导致经济发展持续滞后，随着时间的推移，滞后程度会不断加深。然而，威廉姆斯认为这种现象并不会持续下去，区域之间的经济发展差距会逐渐缩小。本书的研究表明，我国区域之间的资本水平差距是导致经济发展差距的主要原因，而资本的跨区域流动是形成资本水平差距的主要原因，从而形成了"资本跨区域流动—区域资本水平差距—区域经济差距"的逻辑链条。虽然国家层面的政策直接推动了资本流向欠发达地区，通过增量来弥补存量不足，但在市场机制的作用下，资本又向发达地区聚集，从而使得政策资金的最终流向与预期不符。国家实施西部大开发和中部崛起战略后，政府加大了对中西部地区的投资，也带动了一定的社会资本向中西部流动，由政府引导的资本流动对改变区域间经济发展差距的作用明显，东中西部差距扩大的势头得到了遏制，区域协调发展出现了积极趋势，但区域经济之间的绝对差距扩大的局面还没得到根本性的转变。[144]

资本水平与经济发展水平是互为因果的关系，"冰冻三尺非一日之寒"，区域之间的经济发展差距并非一日形成，需要找到破解不平衡不充分发展的突破口。鉴于此，本研究认为协调资本的跨区域流动是破解不平衡不充分发展问题的重要突破口，总体思路包括三个层面：首先，国家政策层面除了通过政策倾斜给欠发达地区注入资金之外，地方政府应出台相应的配套措施，留住资金、提升资金使用效率，通过提升资本增量来弥补资本存量的不足。其次，鼓励经济发达地区的公司、机构在欠发达地区增设分支机构，提升经济发达地区对欠发达地区的辐射作用，强化溢出效应。再次，欠发达地区要根据自己的实际条件，充分发挥自己的优势产业，走合理分工、优化发展的路子，做好产业基础高级化和产业链现代化，并在自己的特色产业和优势产业的基础上打造各个地区的特色金融服务链，才能有效留住金融资本，避免资本回流。以此为思路，本研究从资本流动的角度提出了以下四个方面的政策建议。

7.1 改善营商环境，弥补区位劣势

7.1.1 优化投资环境，降低经营成本

资本进不来、留不住是欠发达地区面临的难题，因此改善欠发达地区的基础设施显得分外重要。本研究的理论分析和实证研究表明，基础设施建设尤其是交通运输等基础设施的建设能提高企业的交通便利程度，缩短交通时间，降低运输成本，提高贸易自由度，对区域间资本的流动有重要影响。由于地理环境的制约和地方财力的限制，中西部地区基础设施建设滞后，已成为资本流入和经济发展的瓶颈。加大中西部地区的基础设施建设，构建连接东部沿海与内地、国内与国外的高效便捷运输网络，能有效承接东部地区和国外的产业转移。不仅有利于加强中西部地区自身的工业化进程，而且有利于推动东部地区的产业升级，对促进区域协调发展，优化全国整体产业的分工布局具有重要意义。西部地区要吸引资本流入，中央政府和地方政府就必须尽快加强当地的公共基础设施建设，为资本流入提供一个良好的硬环境。

资本集聚虽然是市场经济的结果，但地方政府还是大有可为。地方政府要改变传统的管理服务方式，要把传统的减免税、降低土

地出让租金等竞争手段，转向为企业提供技术学习和创新环境以及关联上来，要特别注重对本地企业与外资之间对接的培育，包括产业上下游的关联，技术的引进与消化，本地市场培育与国外市场开拓等，从而达到以促进地区的产业资本聚集来吸引外资，再以外资来加强地区产业资本聚集和关联水平的良性循环。

中西部地区还应不断完善政府的服务体系，简化行政审批手续，提高政府的办事效率和服务水平，建立法制市场，创造公平有序竞争的市场环境，维护企业和投资者的合法权益，从而赢得投资者的青睐，吸引外来资本流入。此外，还应大力推进人才计划，吸引高素质人才的迁入和定居，提高人口比重，防止空洞化，从而扩大市场需求和规模，吸引资本集聚。

7.1.2 完善法律法规，改善营商环境

市场经济的发展要求政府的行政权和财产权分离，国有财产资源所有权和经营使用权分离，市场才能发挥最大效用。经济转型过程中，很多地方尤其是中西部地区的政府对企业的干预还比较深，阻碍了资本的流动，使市场效率得不到充分发挥。因此，应向沿海地区学习，抛开所有制的束缚，完善公司治理结构，建立现代企业制度，让企业自主经营。不仅能使本地资本充满活力，快速流动增值，还可以吸引外来资本的进入。实践证明，民营企业较多的广东

和浙江等省份，资本流动的活力最强，经济发展的速度也最快。各个地区尤其是中西部地区应尽快建立起非公有制经济运行的制度平台，为民营经济提供法制保障和政策支持，避免财力不够导致的政府对资本的寻租行为，降低资本的流动成本。

7.1.3 加强信用建设，优化金融生态

企业的跨区域经营表面上看是企业与投资区域的资金合作，但实质上是信用合作，一个地区的信用资源越丰富，社会信用环境越好，就越能得到资本的青睐，反之，如果一个地区的信用资源极度稀缺，资本将会在巨大的风险面前却步。相比于经济发达的东部地区，中西部地区的信用建设滞后，经济主体的信用意识较低，金融生态有待进一步优化。因此，增强中西部地区的投资吸引力，必须加强信用环境建设，优化金融生态环境，如由银行和政府合作共同建立农户、中小微企业的信用档案，由政府出面指导建设中小企业信用融资平台，推动信用宣传，加大对违约者的惩治力度，将信用考评列入地方政府的绩效考核。

7.2 统筹区域合作，承接产业转移

一方面，传统产业在东部地区的劣势不断凸显，不仅形成了严重的环境问题，还与新兴产业在用地、用电、用水等多个方面展开竞争，阻碍了东部地区的升级和发展，而中西部地区的投资明显不足。地方政府之间应展开区域合作，引导一部分东部已实现最优集聚规模的产业合理地向中西部地区扩散。不仅可以推动这些产业创造进一步发展的空间，也可带动中西部的经济发展，缩小地区差距。另一方面，在区域合理分工条件下，中西部地区应该发挥比较优势，促进自身区域产业的聚集，提升区域自我竞争力，吸引东部资本的流入，推动区域经济快速发展。

7.2.1 秉承因地制宜，推动产业互补

目前，国际和国内产业分工正处于深刻调整阶段，我国东部沿海地区的一些产业正在向中西部地区加快转移。产业转移是现阶段推进我国产业结构调整和加快区域经济发展方式转变的必然要求，对优化我国生产力整体空间布局和区域合理产业分工体系具有重要意义。中西部地区应抓住时机，发挥自然资源丰富和劳动力成本低的优势，积极承接东部地区以及国外的产业转移。不仅有利于中西

部地区自身的工业化进程，而且有利于推动东部尤其是沿海地区的经济转型和升级，优化全国总体产业分工布局。

例如，"泛珠三角"经济区（由香港、澳门和广东、湖北、湖南、江西、四川、重庆、广西、云南、贵州组成）成员既有发达地区，也有次发达地区和不发达地区，有的资本雄厚，有的资源丰富，互补性极强，非常有利于区域产业转移，形成良好的产业空间布局。中西部省份应充分利用这个区域合作的平台，积极承接发达地区的产业转移，加强自身的资本形成、集聚和经济发展。

7.2.2 发挥比较优势，建设特色产业

资本由集聚到扩散将会是一个较长的过程，中西部地区要利用自己的优势建设自身的特色产业，吸引全社会资本的进入，能源与矿产资源优势、自然资源优势、旅游资源优势和土地资源优势都可以成为中西部产业和资本集聚的基础。中西部地区要充分利用资源禀赋优势，发展自身的特色产业，推动特色产业向横向和纵向延伸，带动资本集聚并产生"循环累积"效应，最终推动中西部地区的经济发展。

西部地区具有突出的地缘优势，西部位于中亚、南亚、西亚和西伯利亚的接合地带，历史上是中西贸易的必经之地，与中西部毗邻的中亚、南亚、西亚地区在文化、民族渊源以及宗教信仰等方面

与中西部沿边地区有许多相似的地方，并且有较强的贸易互补性，形成了许多传统的贸易口岸，与中西部经济形成了一个来往贸易密切和技术协作潜力巨大的新区域。中西部地区要充分利用地缘优势，抓住"一带一路"倡议的历史机遇，充分发挥比较优势，培育特色产业。同时，中西部达地区要在自己的特色产业和优势产业的基础上打造各个地区的特色金融服务链，才能有效留住金融资本，避免资本回流。

7.2.3 深化水平分工，激发溢出效应

区域之间的产业分工由垂直分工向水平分工转变，是发达国家区域经济发展的一般趋势。东部具有资本和技术优势，而中西部具有相对充裕的劳动力和自然资源。东部地区自然资源相对缺乏，高速发展有赖于中西部原材料和能源的供应，我国长时期维持垂直型区际分工和产业关联。要想改变中西部这种被动经济局面，既要推动现有的垂直分工向更高层次升级，克服单一资源加工型分工格局的粗放格局，还要在政策上引导西部充分发挥地区优势，建设特色型经济区，建立水平分工，逐渐形成全域的垂直分工和水平分工相结合的混合型分工格局，避免东中西部产业结构的趋同化和恶性竞争。鉴于此，可以通过协调地方政府，建立全域合作组织体系，相互促进发展，相互激励，实现互补共赢。例如，可以借鉴欧盟经验，

建立区域合作基金，如结构基金和凝聚基金，全面公平平衡不同地区成员间的利益分配，也可以从产业政策和财税政策进行支持，鼓励东部地区的资本流向中西部，如鼓励东部企业到中西部建立分厂或分公司。

中西部地区可以因地制宜建立地区特色的要素市场。中西部地区的自然要素和地理环境条件不尽相同，因而，各区的省政府可以根据本省的不同自然禀赋和地理条件，因地制宜的发展区域产业，并以区域产业为中心完成资源的整合，最终建成有着不同特色的要素市场以此吸纳资本流入地区，最终促进地区经济的进一步增长。

7.3 建设区域金融中心，补齐金融短板

完善的金融市场是现代市场经济发展的必要条件，也是现代成熟市场经济体系的重要标志。金融市场的发展既可增强实体经济的融资能力，还可以充分发挥市场机制的资源配置作用，优化资本结构、分散风险。

从研究结果看，我国各个区域之间的金融资本空间关联网络的互联互通程度较高，溢出效应明显，因此国家在制定区域金融协调政策时应充分考虑这种溢出效应，畅通和提升各大板块之间的金融

联通渠道，同时采取措施提升落后地区的资金吸引力，将会有力推动落后地区的金融发展。

7.3.1 扩充金融机构，打造区域金融中心

金融机构是金融市场的基础，建立服务于中西部的区域性金融机构，不仅能够推动中西部地区金融市场的发展，还能够克服金融黏性市场造成的金融资源过度集中于东部的问题。我国地区发展的融资模式都以间接融资为主，可以根据地区经济发展的现实，扩充银行金融机构数量，赋予其服务地方的使命。近年来，直接融资的占比不断提升，如果通过资本市场引入资本显得尤为重要。因此，可以考虑在中西部设立第三个证券交易所，加快中西部地区的资本市场建设，引导金融资本向中西部流动，缩小资本市场发展差距。金融市场的发展需要依托金融中心，因而可以选择中西部地区的中心城市或者中心城市群建立区域金融中心。中心城市和中心城市群现在正在成为我国承载发展要素的主要载体和主要空间形式，在中西部地区的中心城市（群）设立区域性的金融中心不仅能够稳住中西部已有的资金，吸引金融资本"西进"，促进金融资源在西部地区的聚集，将会极大提升发达地区对西部落后地区的经济服务能力；同时，也为"一带一路"建设在西部地区提供一个金融桥头堡，集聚沿线各国的经济和金融资源为西部落后地区服务；另外，还可以

吸引国内外资金的投入，有利于完善中西部的资本运营机制，降低资本流动的成本，提高资本的利用效率。

7.3.2 改革资本市场，壮大资本市场主体

随着我国经济的快速发展，以银行为主导的间接融资方式已经难以再满足企业融资的发展需求，多元化融资结构理应发展起来以应对新的融资需求。而企业作为地区经济发展的重要支柱，如何以更高效低成本的方式融得资金以供自身发展壮大是一个值得深入思考的问题。然而，直接融资作为一种低成本高效率的融资方式在我国的起步时间却偏晚，很多地方不够成熟，发展空间也还很大，因此，我国经济要想取得长足、高质量的发展，对资本市场的改革和完善就必须要提高到战略高度，要加快完善和落实注册制，以便更多的优质企业和高新技术企业能够通过直接融资的方式获得急需发展的低成本资金。

由于直接融资对中西部地区的经济推动效果更为明显，因此IPO要向中西部地区的企业倾斜，并且要推动证券交易所为中西部地区的非上市公司提供多元化的金融服务，助推中西部地区企业的发展和壮大。要壮大发展中西部的资本市场，一要确立企业在资本市场上的主体地位，二是优先考虑或放宽中西部地区公司的上市申请，三是证券交易所可以为中西部地区的非上市企业提供上市交易、

股权融资、债券融资等服务，这些服务在一定程度上是有利于企业完成公司治理结构的改善并且熟悉资本市场的规则，为上市创造条件，也可以在满足企业多元化融资需求的同时推动实体经济和虚拟经济的发展。长期以来，企业特别是国有企业的体制问题，是制约我国资本市场发展的重要因素。所以首先要转换企业经营机制，明晰企业产权，建立现代企业制度，解决企业发展的体制束缚，发展壮大成为资本市场的主体。适当放宽对中西部地区企业的审发标准，适当降低积极支持中西部发展的企业上市条件。鼓励东部资本对西部企业进行资产重组，盘活中西部企业的资产，加速资本流动，提高其资产使用效率。

7.4 加强宏观调控，促进区域协调

一方面，国家要从财政政策和货币政策方面进行宏观调控，适当给予中西部地区倾斜，推动区域之间的协调发展；另一方面，空间经济学理论认为交易成本（主要是交通运输成本）对资本跨区域流动的影响很大，从第四部分的研究我们也发现，大力发展基础设施，改善地区之间的交通网络，"缩短"地区之间的空间区域，降低区域之间的交易成本，将会大大促进地理单元之间的关联性，加

强资本在区域间的流动，增强发达板块向欠发达板块金融溢出的效率。所以宏观布局全国的基础设施建设，规划好区域之间的基础设施联通网络，对推动资本流动和促进区域协调发展有重要作用。

7.4.1 加大财政转移支付规模，提升资本增量

现在东部地区已经进入工业化的成熟期，而中西部地区还比较落后，国家应发挥宏观调控功能，投资主要向中西部倾斜，加强对中西部重点建设的投资，促进地区经济的协调发展。而现阶段我国西部地区的预算内投资虽然逐年增加，但从全国预算内投资资金占比来看，西部地区并没享受到国家惠顾，东部地区平均占比大于西部地区，东部地区一些省份的国家预算内投资资金远超西部省份。从现阶段区域协调发展的角度考虑，国家应将投资重点由东向西转移，大大加强对西部地区的投资力度。

在资本嫌贫爱富的市场背景下，财政转移支付对缩小东西部地区差距，促使区域协调发展方面具有不可估量的作用。继续执行和完善现有的东中西部财政转移支付制度，有利于促进和保障西部大开发和中部崛起战略的有效实施。可以学习发达国家转移支付办法，在《预算法》《中央对地方一般性转移支付办法》《中央对地方专项拨款管理办法》的基础上根据区域交通运输、人口密度、人均收入和城市化水平等，建立一套统一科学的支付标准，原则上要使人均

收入较低的地区获得较高的中央财政援助额。应加快制定《财政转移支付法》，建立有效合理的财政转移支付的监督机制，明确规定财政转移支付办法，对转移支付资金的拨付和落实使用情况要进行严格监管，提高转移支付资金的使用效率，减少不必要的损失。另外，要建立省与省之间的财政转移支付制度和相应的激励机制，鼓励东部发达地区的省份扶助中西部落后地区，推动区域合作和共同发展。

7.4.2 提升定向宽松政策力度，盘活投资资金

除了使用差异化的财政政策直接补齐资本短板之外，还可以通过定向宽松的货币政策间接促进资金向中西部流入。

一方面，提升有差别的存款准备金政策力度，适当降低中西部的商业银行法定存款准备金率，并制定政策把多出的资金限定使用区域，增加中西部地区的资金供给。另一方面，中央银行可降低中西部地区商业银行的再贴现率和增加西部地区的再贴现资金，促进中西部地区的票据融资，加速资本流动。如果存贷之间出现"倒差"，中央财政可拨专项补贴，或者给予中西部金融机构一定的税收优惠。

在信贷政策上，鼓励中西部的商业银行向本地区贷款，限制商业银行将中西部地区的资金转移，放宽商业银行中西部分支机构的

资产负债比例管理要求,扩大向中西部的中长期贷款比例。用财政贴息引导社会资本向中西部流动,鼓励中西部地区的商业银行从东部引入合作资金。对向中西部落后地区贷款多的商业银行,可以给予财政补贴或存入更多的财政资金进行奖励。

7.4.3 抓住"一带一路"机遇,推动区域协调发展

党的十九大报告提出,"建设现代化经济体系是跨越关口的迫切要求和我国发展的战略目标",为我国进一步推动经济发展质量变革、效率变革、动力变革提供了前进坐标和行动指南。其中,"实施区域协调发展战略"和"推动形成全面开放新格局",是"贯彻新发展理念,建设现代化经济体系"的重要组成部分,在"一带一路"机遇的牵引下,通过进一步扩大开放有效促进区域经济协调发展,应是新时代推动我国经济持续健康发展的题中应有之义。

促进区域经济协调发展,一直是我国推动经济持续健康发展进程中需要解决的现实问题。1979年,我国提出了沿海地区率先发展的区域发展战略,经济随之快速发展,但随着经济集聚效应发生,资源和人才都向东部集聚,中西部则成为"塌陷地带",与东部地区的差距越来越大,区域经济发展极不平衡。2000年后,西部大开发、东北地区等老工业基地振兴、促进中部地区崛起等战略接连实施,我国区域经济发展的相对差距开始缩小,但由于受到已有发展

基础的影响，东中西部的绝对差距仍然存在，区域经济协调发展的难题并未解决，西部地区仍是我国区域经济发展的"短板"。但"一带一路"建设为推动区域经济协调发展提供了新的契机。"一带一路"东联亚太经济圈，西接欧洲经济圈，跨越高山深海，逐步构建起了世界上最有发展潜力的经济走廊，不仅对沿线国家乃至世界的经济地理格局产生深刻影响，而且将重塑我国区域经济地理，为推动区域协调发展提供强大助力。

"一带一路"将改变我国对外开放的区域结构，西部将成为新的开放前沿。开放程度的差异，是导致区域发展差距的重要原因。相比于东部地区，尤其是沿海地区，广大中西部地区在开放中扮演着跟随者的角色，特别是西部地区地处偏远，远离开放地带，对外开放程度不高，经济发展的内生动力严重不足。但"一带一路"建设将会改变这种局面，"丝绸之路经济带"起始于西部，由西部通向中亚、西亚和欧洲，它将使我国西部地区从开放的大后方变成开放的新前沿，如果西部大开发战略与"一带一路"有效对接，西部地区就会集向西开放和西部大开发为一体，成为我国经济发展新的牵引力量，与东部地区一起承担我国经济走出去的重任。

"一带一路"将大幅改善中西部的基础设施水平，东中西部的区域经济发展将实现战略对接和互联互通。"一带一路"牵引的跨区域合作，横贯亚非欧三个大陆，要想使沿线国家串联起来、共赢发展，必须做到互联互通，尤其是基础设施的互联互通。西部地区作为"一带一路"的重要支点和中欧班列的重要通道，其基础设施建设将会得到优先考虑，建设速度也会加快，西部地区对接向西、向南、向北开放的国际铁路、公路等基础设施会越来越多。同时，国内对接西部的基础设施也将逐渐完善，如"八纵八横"高速铁路网等会扩大对中西部路网的覆盖，我国东中西部地区的物流成本和贸易成本随着边境通道、区域间物流通道的打通将大大降低，这会有力支撑区域间发展的战略对接和互联互通，中西部经济的发展随之也将提速。"一带一路"建设将大力发展基础设施，改善地区之间的交通网络，"缩短"地区之间的空间区域，降低区域之间的交易成本，这会大大促进地理单元之间的关联性，加强资本在区域间的流动，增强发达板块向欠发达板块金融溢出的效率。

"一带一路"贯穿东中西部，新的区域价值链和区域经济增长极将加快形成。"一带一路"沿线国家资源禀赋、工业化进程大不一样，贸易互补性很强，传统最终产品分工下的贸易仍是各国合作的主要动力。西部作为"一带一路"开放的新前沿，贸易的快速增长不仅会成为西部经济发展的新增动力，而且会促成西部地区在国际区域价值链中形成自己的价值分工和特色地位。并且随着中西部基础设施的改善，以及"一带一路"建设和促进中部地区崛起、西部大开发等区域战略的对接，东部地区的部分产业在要素成本高企和资源环境约束加强的情况下将快速向中西部地区转移，我国东中西部的区域分工和价值链也会发生变化、逐渐明晰。因此，中西部地区不仅会获得来自国内外的经济发展动力，而且在内力外力综合作用的情况下，经济发展特色也会越来越明显，中西部地区新的增长极将会加快形成，成渝城市群、关中 - 天水经济区、广西北部湾经济区、中原城市群、喀什等边境城市都将可能成为新的经济增长极，辐射周边国家和地区。

抓住"一带一路"建设的发展机遇，促进区域经济协调发展，各地应综合运用规划、财税、金融和贸易政策，营造良好环境，扩大向西开放。第一，要加快区域基础设施的互联互通建设，尤其是"东部—中部—西部"三地区和"西部地区—沿线国家"的基础设施互联互通，要摆在首要位置；第二，要统筹协调，做好"一带一路"建设与既有区域性战略的融合、协同，形成合力，将沿线省份城市连接起来；第三，西部地区应发挥资源丰富、要素成本低和向西开放的优势，积极承接产业转移，完善自己的产业结构，立足产业链中下段的加工制造和向西出口，形成特色价值链；第四，根据经济发展态势，在中西部规划重点城市，并给予政策支持和财力支持，促进中西部地区经济增长极或中心城市和城市群的加快形成。[143]

参考文献

[1] Isard,*W.Location and space-economy* [M]. MA: MIT Press, Cambridge. 1956,1-30.

[2] Krugman,P.Increasing Returns and Economic Geography [J]. *Journal of PoliticaiEconomy*, 1991,(99):483-499.

[3] 安虎森等.新经济地理学原理 [M].北京:经济科学出版社,2009:142-162.

[4] 洪远朋.资本论教程简编 [M].上海:复旦大学出版社,2002:7-15.

[5] 豆建民.国内资本流动对我国区域经济增长的影响 [J]. 当代财经,2005,(8):84-87.

[6] 杜两省.论投资在区域间配置的均等与效率 [J]. 投资研究,1996,(12):1-5.

[7] 胡晓鹏.中国经济要素的空间配置 [J].财经科学,2006,(2):91-98.

[8] 胡晓鹏.中国资本流动与区域差距关联性的实证研究 [J]. 开

发研究 ,2003,(4):45-46.

[9] 魏后凯 . 外商直接投资对中国区域经济增长的影响 [J]. 经济研究 ,2002,(4):19-26.

[10] 李炳军 , 刘俊娟 . 资本要素对不同区域经济发展的作用效果及比较分析 [J]. 华东经济管理 ,2004,(2):30-32.

[11] 于潇 . 政府和市场对区域投资分布的影响分析 [M]. 重庆工商大学学报 (西部论坛),2004,(6):23-29.

[12] 麦勇 , 李勇 .1982-2005 年中国省域资本流动差异解析 [J]. 中国软科学 ,2006,(12):79-86.

[13] 刘亚玲 . 创业型跨区域投资的内涵、起因和特点 [J]. 经济学动态 ,2005,(3):58-60.

[14] 袁晓玲 , 李湛 . 分析资本跨地区流动的新尝试 [J]. 西安交通大学学报 (社会科学版),2002,22(4):29-32.

[15] 吴新生 . 空间依赖、地理溢出与区域金融发展趋同——基于 1978—2010 年省域数据的空间计量分析 [J]. 南方金融 ,2011(12):32-36.

[16] Wei S J, Boyreau-Debray M G. *Can China Grow Faster? a Diagnosison the Fragmentation of the Domestic Capital Market*[OL]. International Monetary Fund, No. 04 /76, 2004.

[17] Li Q. Capital flows and domestic market integration in China[J]. *Journal of Chinese Economic and Business Studies*, 2010,

8(1): 67-94.

[18] 倪鹏飞, 刘伟, 黄斯赫. 证券市场、资本空间配置与区域经济协调发展——基于空间经济学的研究视角 [J]. 经济研究 ,2014,49(05):121-132.

[19] 王喜, 赵增耀. FDI 与区域资本流动: 抑制还是促进 [J]. 国际贸易问题 ,2014(04):136-143.

[20] 王振兴. 我国省域资本流动问题研究——基于 1978—2015 年的数据分析 [J]. 金融理论与实践 ,2018(01):36-39.

[21] 蔡翼飞, 刘春雨, 马佳丽. 区域资本流动估算及其影响因素分析 [J]. 劳动经济研究 ,2017,5(04):83-110.

[22] 余壮雄, 杨扬. 市场向西、政治向东——中国国内资本流动方向的测算 [J]. 管理世界 ,2014(06):53-64.

[23] 王永齐. FDI 对国内资本形成的挤出效应研究 [M]. 北京: 中国社会科学出版社, 2016.

[24] 钟军委, 林永然. 地方政府竞争、资本流动与区域经济的空间均衡 [J]. 云南财经大学学报 ,2018,34(09):23-33.

[25] 杨贵军, 杨鸿海, 张率. 京津冀区域金融资本流动趋势分析 [J]. 统计与决策 ,2017(15):153-157.

[26] 蒲艳萍, 成肖. 资本流动还是信息不对称——对中国地方政府税收竞争动因的实证研究 [J]. 财贸研究 ,2017,28(09):75-86.

[27] 赵娜, 李村璞, 李香菊. 税收竞争影响资本流动的空间计量

分析 [J]. 华东经济管理 ,2018,32(11):96-101.

[28] 袁诚 , 何西龙 , 刘冲 .PPP、资本流动与地区税率 [J]. 财贸经济 ,2019,40(05):23-38.

[29] 张梁梁 , 杨俊 . 地方政府财政竞争行为如何影响省际资本流动 [J]. 当代财经 ,2017(05):24-33.

[30] 钟军委 , 林永然 . 地方政府竞争、资本流动与区域经济的空间均衡 [J]. 云南财经大学学报 ,2018,34(09):23-33.

[31] 钟军委 , 万道侠 . 地方政府竞争、资本流动及其空间配置效率 [J]. 经济经纬 ,2018,35(04):141-149.

[32] 王钺 , 白俊红 . 资本流动与区域创新的动态空间收敛 [J]. 管理学报 ,2016,13(09):1374-1382.

[33] Feldstein M, Horioka C. Domestic Saving and International Capital Flows[J]. *The Economic Journal*, 1980, 90(358):314-329.

[34] Bayoumi T. Saving-Investment Correlations: Immobile Capital, Government Policy, or Endogenous Behavior?[J]. *IMF Economic Review*, 1990, 37(2):360-387.

[35] Andrew A J, Abbott, Glauco De Vita.. Another Piece in the Feldstein-Horioka Puzzle[J]. *Scottish Journal of Political Economy*, 2010, 50(1):69-89.

[36] Alfaro L , Kalemli-Ozcan S , Volosovych V . Why doesn't capital flow from rich to poor countries? an empirical investigation

[J]. *The Review of Economics and Statistics*, 2008, 90.

[37] 蔡翼飞，刘春雨，马佳丽．区域资本流动估算及其影响因素分析 [J]. 劳动经济研究 ,2017,5(04):83-110.

[38] Hollis B. Chenery, Alan M. Strout. Foreign Assistance and Economic Development[J]. *American Economic Review*, 1966, 56(4):912-916.

[39] Hoover E. & F. Giarratani. *An introduction to regional economics*[M]. Columbus New York: Alfred A. Knopf, 1984.

[40] Dhingra A , Misra D C . Information Needs Assessment Model for Identifying Information Needs of Rural Communities[J]. *Information Technologies and International Development*, 2004, 2(2):77-78.

[41] Klein P G . *The Theory of the Firm*[M]. Cambridge: Cambridge University Pre, 2009.

[42] Edwards S. *Capital Mobility and Economic Performance Are Emerging Economics Different*[R]. NBER Working paper NO.8087,2001.

[43] Hryckiewicz A , Kowalewski O . Economic determinates, financial crisis and entry modes of foreign banks into emerging markets[J]. *Emerging Markets Review*, 2010, 11(3):0-228.

[44] Rodrik D . Symposium on Globalization in Perspective:

An Introduction[J]. *The Journal of Economic Perspectives*, 1998, 12(4):3-8.

[45] Macdougall G D A. The Benefits and Costs of Private Investment from Abroad: A Theoretical Approach [J]. *The Economic Record*, 1960, 36(73):13-35.

[46] Myrdal G.*Economic theory and underdeveloped region*[M]. London: Duckworth Prcss, 1957.

[47] Frenkel, J., Razin, A. Variable Factor Supplies and the Production Possibility Frontier [J].*Southern Economic Journal*, 1975,41 (3): 410-419

[48] Quinn, D., Inclan, C. The Origins of Financial Openness:A Study of Current and Capital Account Liberalization[J].*American Journal of Political Science*, 1997, 41(3):771-813.

[49] Razin A , Yuen C . Factor mobility and income growth: Two convergence hypotheses[J]. *Review of Development Economics*, 1997, 1(2):171-190.

[50] Goldberg L S, Klein M W . International Trade and Factor Mobility:, an Empirical Investigation[J]. *Social Science Electronic Publishing*, 1999, 47(7196):321-335.

[51] 蔡昉 , 王德文 . 比较优势差异 , 变化及其对地区差距的影响 [J]. 中国社会科学 ,2002,(2):41-66.

[52] 张敦富 . 中国区域经济差异与协调发展 [M]. 北京 : 中国轻工业出版社 ,2001.

[53] 门洪亮 , 李舒 . 资本流动对区域经济发展差距的影响分析 [J]. 南开经济研究 ,2004,(2):71-74.

[54] 郑长德、曹梓燨 . 资本流动与经济增长收敛性关系——基于中国省际差异的实证研究 [J]. 广东金融学院学报 ,2008,(1):34-43.

[55] 彭文斌 , 邝嫦娥 . 中国区域经济差距与资本流动的因子分析 . 经济纵横 ,2010,(9):103-104.

[56] 严浩坤 . 东西部资本流动与区域增长 [M]. 北京 : 科学出版社 ,2011.

[57] 郭金龙 , 王宏伟 . 中国区域间资本流动与区域经济差异研究 [J]. 管理世界 ,2003,(7):45-58.

[58] 王小鲁 , 樊纲 . 中国地区差距的变动趋势和影响因素 [J]. 经济研究 ,2004,(1):33-44.

[59] 林毅夫 , 刘培林 . 中国的经济发展战略与地区收入差距 [J]. 经济研究 2003,(3):19-25.

[60] 马拴友 , 于红霞 . 转移支付与地区经济收敛 [J]. 经济研究 ,2003,(3):26-33.

[61] 丁艺 , 李靖霞 , 李林 . 金融集聚与区域经济增长—基于省际数据的实证分析 [J]. 保险研究 , 2010,(02) :20-30.

[62] 彭宝玉、李小建 . 金融与区域发展国际研究进展及启示 . 经

济地理,2010,(1):75-92.

[63] 王定祥,李伶俐,冉光和.金融资本形成与经济增长 [J].经济研究,2009(9):39-51.

[64] 刘金金,龙威.我国金融发展对经济增长的非线性影响机制研究 [J].当代经济研究,2016(3):71-80.

[65] 周立,王子明.中国各地区金融发展与经济增长实证分析:1978-2000[J].金融研究,2002,(10):1-13.

[66] 李江,冯涛.转轨时期金融组织成长与经济绩效的关联性——区域差异的考察与分析 [J].数量经济技术经济研究,2004,(10):95-103.

[67] 伍海华.金融区域二元结构及发展对策 [J].经济理论与经济管理,2002,(8):22-27.

[68] 江世银.论区域金融调控 [J].中央财经大学学报,2003,(9):28-31.

[69] 艾洪德,徐明圣,郭凯.我国区域金融发展与区域经济增长关系的实证分析 [J].财经问题研究,2004,(4):26-32.

[70] 肖燕飞,曾令华等.金融支撑与区域经济非均衡发展的实证检验 [J].统计与决策,2009,(21):115-116.

[71] 肖燕飞.中国区域资本时空演变特征及其对经济增长影响 [J].经济地理,2017(11):28-36.

[72] 亚当·斯密.国富论 [M].北京:商务印书馆,1990.

[73] 李嘉图 . 政治经济学及赋税原理 [M]. 北京 : 商务印书馆 ,1962.

[74] 卡尔·马克思 . 资本论·政治经济学批判 . 北京 : 人民出版社 ,2004.

[75] Sato R. The Harrod-Domar model vs the Neo-classical growth model[J].*Economic Journal*,1964,74(294):380-387.

[76] Solow RM. A contribution to the theory of economic growth[J]. *Quarterly Journal of Economic*,1956,70(2):65-94.

[77] Levine R, Zervos S. Stock markets, baSnks, and economic growth[J]. *The American Economic Review*, 1998,98(3):537-558.

[78] Lucas,RE. On the mechanics of economic development[J]. *Journal of Monetary Economic*,1988,22(1):3-42.

[79] Romer PM. Increasing returns and long-run growth[J]. *Journal of Political Economy*,1986,94(5):1002-1037.

[80] Martin T. *Regional Economics* [M]. The Macmillan Press LTD. London:UK 1994:45-51.

[81] 李治国 , 唐国兴 . 资本形成路径与资本存量调整模型——基于中国转型时期的分析 [J]. 经济研究 ,2003,(2):34-42.

[82] 陈彩虹 . 改变国有企业的资本形成方式 [J]. 当代财经 ,1996,(4):40-43.

[83] 刘大志 , 蔡玉胜 . 地方政府竞争行为与资本形成机制分析

[J]. 学术研究 ,2005,(3):19-22.

[84] 周丹 , 郭万山 . 论股市波动对我国金融发展资本形成机制的影响 [J]. 湖北社会科学 ,2011,(2):92-96.

[85] 吕冰洋 . 中国资本积累的动态效率 :1978—2005[J]. 经济学 : 季刊 ,2008,(2):509-532.

[86] 翟琼 , 罗超平 , 吴超 . 中国储蓄投资转化效率及影响因素研究 [J]. 宏观经济研究 ,2015,(8):29-40.

[87] 孟晓晨 , 刘洋 , 戴学珍 . 中国主要省区物质资本与人力资本利用效率及投资取向 [J]., 经济地理 ,2005,25(4):458-462.

[88] 杨子晖 , 陈创练 . 金融深化条件下的跨境资本流动效应研究 [J]. 金融研究 ,2015,(5):34-39.

[89] 王定祥 , 李伶俐 , 冉光和 . 金融资本形成与经济增长 [J]. 经济研究 ,2009,(9):39-51.

[90] 刘锡良 , 齐子漫 , 刘帅 . 产融结合视角下的资本形成与经济增长 [J]. 经济与管理研究 ,2015,(7):3-11.

[91] Barro , Robert J.and Sala-i-Martin, Xavier.Convergence [J] .*The Journal of Political Economy* , Vol. 100, No.2, 1992

[92] 杨慧 . 空间分析与建模 [M]. 北京 : 清华大学出版社 , 2013.

[93] Getis A,Ord J K. The analysis of spatial association by the use of distance statistics[J]. *Geographical Analysis*,1992,24(1) :

189-206.

[94] Sang L M. *Spatial Association Measures for an ESDA GIS Frame-work*：*Developments*，*Significance Tests*，*and Applications to Spatial-Temporal Income Dynamics of U. S. Labor Market Areas*[D]. Ohio：The Ohio State University，2001.

[95] 王小鲁, 樊纲. 中国收入差距的走势和影响因素分析 [J]. 经济研究 ,2005(10):24-36.

[96] 崔光庆, 王景武. 中国区域金融差异与政府行为：理论与经验解释 [J]. 金融研究 ,2006(06):79-89.

[97] 李敬, 冉光和, 万广华. 中国区域金融发展差异的解释——基于劳动分工理论与 Shapley 值分解方法 [J]. 经济研究 ,2007(05):42-54.

[98] 任英华, 徐玲, 游万海. 金融集聚影响因素空间计量模型及其应用 [J]. 数量经济技术经济研究 ,2010,27(05):104-115.

[99] 李敬, 徐鲲, 杜晓. 区域金融发展的收敛机制与中国区域金融发展差异的变动 [J]. 中国软科学 ,2008(11):96-105.

[100] 初春, 吴福象. 金融集聚、空间溢出与区域经济增长——基于中国 31 个省域空间面板数据的研究 [J]. 经济问题探索 ,2018(10):79-86.

[101] Freeman L C. Centrality in social networks conceptual clarification[J]. *Social networks*, 1978, 1(3): 215-239.

[102] Scott J. Social network analysis[J]. *Sociology*, 1988, 22(1): 109-127.

[103] WassennanS,Faust K. *Social Network Analysis: Methods and Applications*[M]. Cambridge: Cambridge University Press, 1997.

[104] Kilduff M, Tsai W. *Social networks and organizations*[M]. London: Sage, 2003.

[105] Cassi L, Morrison A, Ter Wal A L J. The evolution of trade and scientific collaboration networks in the global wine sector: A longitudinal study using network analysis[J]. *Economic geography*, 2012, 88(3): 311-334.

[106] Oliveira M, Gama J. An overview of social network analysis[J]. *Wiley Interdisciplinary Reviews: Data Mining and Knowledge Discovery*, 2012, 2(2): 99-115.

[107] Fracassi C, Tate G. External networking and internal firm governance[J]. *the Journal of finance*, 2012, 67(1): 153-194.

[108] Fracassi C. Corporate finance policies and social networks[J]. *Management Science*, 2016, 63(8): 2420-2438.

[109] De Guevara J F, Maudos J, Pérez F. Integration and competition in the European financial markets[J]. *Journal of International Money and Finance*, 2007, 26(1): 26-45.

[110] Claessens S, Perotti E. Finance and inequality: Channels

and evidence[J]. *Journal of comparative Economics*, 2007, 35(4): 748-773.

[111] Schiavo S, Reyes J, Fagiolo G. International trade and financial integration: a weighted network analysis[J]. *Quantitative Finance*, 2010, 10(4): 389-399.

[112] 李敬, 陈澍, 万广华, 付陈梅. 中国区域经济增长的空间关联及其解释——基于网络分析方法 [J]. 经济研究, 2014,49(11):4-16.

[113] 郭美娟. 我国区域金融发展的空间关联及其影响因素研究 [D]. 湖南大学,2016.

[114] Groenewold N, Guoping L, Anping C. Regional output spillovers in China: Estimates from a VAR model[J]. *Papers in Regional Science*, 2007, 86(1): 101-122.

[115] Groenewold N, Guoping L E E, Anping C. Inter-regional spillovers in China: The importance of common shocks and the definition of the regions[J]. *China Economic Review*, 2008, 19(1): 32-52.

[116] Snyder D, Kick E L. Structural position in the world system and economic growth, 1955-1970: A multiple-network analysis of transnational interactions[J]. *American journal of Sociology*, 1979, 84(5): 1096-1126.

[117] Doreian P, Batagelj V, Ferligoj A. Symmetric-acyclic decompositions of networks[J]. *Journal of Classification*, 2000, 17(1): 3-28.

[118] 刘军. 整体网分析 : UCINET 软件实用指南 [M]. 上海 : 格致出版社，2014.

[119] Gurley J G，Shaw E S. Financial Aspects of Economic Development[J]. *American Economic Review*, 1955, 45(4):515-538.

[120] Greenwood,Jetemy,and Boyan Jovanovic.Financial Development,Growth and the Distribution of income[J]. *Journal of Political&onamy*:1990,98(5):1076-1107.

[121] Bencivenga,Valefie R,Smith,Brace D.and Ross M.Stair. Transaction Costs,Technological Choice ,and Endogenous Growth[J]. *Journal of Economic Theory*,1995,67(1):53-57.

[122] Arestis P, Demetriades P. Financial Development and Economic Growth: Assessing the Evidence[J]. *Economic Journal*, 1997, 107(442):783–799.

[123] Rioja F,Valev N. Does one size fit all: a reexamination of the finance growth relationship[J]. *Journal of Development Economics*,2004,74(2):429-447.

[124] 李广众 , 陈平 . 金融中介发展与经济增长 : 多变 VAR 系统研究 [J]. 管理世界 , 2002(3): 52-59.

[125] 杨国中，李木祥．我国信贷资金的非均衡流动与差异性金融政策实施的研究 [J]．金融研究,2004(9): 119-133.

[126] 周好文，钟永红．中国金融中介发展与地区经济增长：多变量 VAR 系统分析 [J]．金融研究,2004(6): 130-137.

[127] 刘浏．中国银行信贷与经济增长关系的 VAR 效应分析 [D]．厦门大学，2006.

[128] 叶光毓．我国区域信贷配给的形成机制：理论与实证研究 [D]．暨南大学，2008.

[129] 潘敏，缪海斌．银行信贷、经济增长与通货膨胀压力 [J]．经济评论,2010(2): 62-70.

[130] King R G,Levine R.Finance and growth: schumpeter might be right[J].*Quarterly Journal of Economics*, 1993,108:716-737.

[131] King R G,Levine R. Finance,entrepreneurship,and growth:theory and evidence[J].*Journal of Monetary Economics*, 1993,32:513-543.

[132] Levine R and Zervos.Stock Markets, Banks, and Economic Growths[J].*The American Economic Review* Vol. 88, No. 3 (Jun., 1998), pp. 537-558.

[133] Arestis, Panicos O. Demetriades and Luintel Kul B.Financial Development and Economic Growth[J]: The Role of Stock Markets.Journal of Money, Credit and Banking Vol. 33, No. 1

(Feb., 2001), pp. 16-41.

[134] Atje Raymond and Jovanovic Boyan. Stock markets and development.[J].*European Economic* Review.Volume 37, Issues 2–3, April 1993, Pages 632-640.

[135] 陈守东，杨东亮，赵晓力.区域金融发展与区域经济增长——基于中国数据的实证分析[J].财贸经济.2008(02).

[136] 经青.区域金融结构与区域经济增长[D].浙江大学,2011.

[137] 李月.中国金融发展与经济增长的关系研究[D].吉林大学,2014.

[138] 朱君.上市公司对区域经济发展的影响研究[D].东北师范大学，2014.

[139] 乔岩.直接融资与区域经济发展良性互动问题研究——兼对通化市IPO上市融资相关问题的思考[J].吉林金融研究,2012(05):20-25.

[140] 虎美琳.山东省证券市场发展的区域经济效应差异研究--以股票市场为例[D].山东大学，2016.

[141] 赵美玲.东中西部地区股票市场与经济增长差异性研究[J].安徽师范大学,2016.

[142] 徐英倩.金融结构对区域经济影响的实证分析[J].统计与决策,2018,34(05):155-158.

[143] 肖燕飞.乘"一带一路"东风，促区域协调发展.经济日

报，2017 年 11 月 17 日理论版 .

[144] 肖燕飞 . 基于空间理论的我国区域资本流动及其对区域经济发展的影响研究 [D]. 长沙：湖南大学，2012.